AF344036

L'AVANT-GOVST DV VIN.

DECLARATION DE SA NATVRE, FACVLTE' MEDICINALE, ET ALIMENTAIRE.

La maniere de preparer les vins Artificiels.

Auec la methode d'extraire l'esprit, & la pure quint'-essence d'iceluy.

Composé par M.ᶜ ENGELBERT LA-MELIN, *Licentié, & Medecin ordinaire en la ville de Vallencienne.*

A DOVAY,

Chez IEAN DE FAMPOVX, Imprimeur juré, au Sainct Esprit.

M. DC. XXX.

A MONSEIGNEVR

LE TRES-REVEREND PRELAT

DOM NICOLAS DV BOIS

TRES-DIGNE ABBE' ET PRELAT

DV TRES-CELEBRE ET TRES-

RELIGIEVX MONASTERE DE

S. AMAND.

ENGELBERT LAMELIN,

Salut, Honneur, & Reuerence.

MONSEIGNEVR,
C'est vne chose assez cognuë
de tous les humains, que la Medecine est vne art & science necessairement requise, depuis la guerre & repug-
nance entre les humeurs corporelles cau-
see par la des-obeissance de nos premiers
parens, pour maintenir la belle & agrea-

A 2   *ble*

4

ble vnion du corps auec l'ame ; ce qu'il se
faict par la conseruation ou restauration
de la santé, à quoy est necessairement requise l'art Medicinale, puis que c'est la
son but, & sa fin derniere: Hé! quel ren-
contre plus heureux peuuent faire les
creatures animées que celuy de la santé?
ne voyons nous pas que non seulement les
raisonnables, ains encor les brutes tas-
chent de la maintenir pour la conseruation de leur estre? veu que Platon dit,
Melius est esse quam non esse? s'il est
meilleur d'estre que non pas d'estre, combien sera-il plus desirable de bien estre
& bien viure? dequoy asseurement, on
ne peut iouyr sans la preseruation de la
santé. Si donc il faut attendre tel benefice de la Medecine, qui pourra nier auec
raison que ceste art & science excede
pardessus les autres? veu qu'elle ne preserue

serue pas seulement & guarit le corps,
mais ayde grandement à l'ame, à fin
qu'elle puisse faire ses fonctions, sans au-
cun empeschement lourd & grossier, &
demeurer paisiblement & gracieuse-
ment auec luy, comme sa forme naturelle
& essentielle; ce qu'il se prouue par ceste
raison; c'est le deuoir de la Medecine, de
rendre vn corps intemperé, temperé, in-
disposé, disposé, immoderé, moderé; le
bon temperament, moderation, & disposition, engendre le bon sang & le purifie, le sang purifie les benings esprits, la
benignité & douceur des esprits, est l'in-
strument propre & conuenable, pour les
saines, sainctes, & entieres actions de
l'ame. Qui doubtera donc maintenant de
l'excellence de la Medecine, cognoissant
qu'elle apporte au corps multiplication
de iours sains, ioyeux & aggreables,

A 3

comme

comme à l'ame vne hoſpitalité longue &
paiſible auec luy? Or quoy que la Medecine ſoit tellement dilatée & eſclar-
cie, qu'il ſemble ny auoir rien à adiouſter, & que le champ eſt ſi ſpatieux, que
chacun ſi pourroit promener à loiſir, toutesfois craignant de prendre trop au lar-
ge, & s'eſgarer, ie m'arreſteray ſur vn
ſeul ſubiect, lequel pourra ſeruir à vn
chacun, tant de preſeruatif de la ſanté,
que curatif de toutes maladies & accidents ſuruenants en icelles, vous donnant à cognoiſtre les qualitées occultes
& cachées, par leſquelles il peut alterer
noſtre corps, & changer ſa diſpoſition:
car nous vſons de ces inſtruments de cou-
ſtume, comme treſ commodes, toutes &
quantesfois que nous deſirons recouurer
& maintenir noſtre ſanté; Car autre-
ment que profiteroit-il de contempler la
nature

nature de tout le corps humain? l'articu-
lation des os ? l'ordre des ligamens? les
cartilages enuironnnants les extremi-
tées? d'auoir noté l'origine des nerfs &
leurs offices? la substance & la concauité des muscles? quel contentement d'a-
uoir cognuë leur faculté sensible & motiue? d'auoir cognuë l'esprit animal coulant & s'infusant du cerueau par les
nerfs, comme vne clarté du Soleil rayon-
nant par tout le monde? d'auoir admiré
les veines du foye, les nerfs du cerueau,
les arteres du cœur extrauagantes, &
trauersantes tout le corps, pour l'entre-
tien de sa nourriture & de sa vie? Pour
quelle raison s'estre tant trauaillé, pour
la cognoissance des vrines, des excremens
du ventre, & de la poictrine? pour la
cognoissance de leur couleur, leur contenu, & leur quätité? pour la cognoissance

de la temperature du malade? de ses fonctions & habitudes? & pour dire en vn
mot, quel profit d'auoir cognuë la dilata-
tion & constriction du poulx? pour me-
surer & peser la force de la faculté vi-
tale? & de sa vitesse & acceleration
auoir noté vne chaleur febricitante? puis
auoir iugé sur sa minoration, inegalité,
& intermißion? que profitera-il (dis-ie)
d'auoir sué milles années pour leur cognoißance? consommé sa santé & ses
biens? si l'on n'a quant & quant cognoißance de la matiere par laquelle on
peut chasser les incommodités de semblables maladies? & detenir le soulage-
ment de la santé? Pour ceste cause
MONSEIGNEVR, ie me suis laissé
emporter, en vne abisme tresprofonde en
la cognoißance de la nature du vin, pre-
uoyant son vsage si frequent parmy

nous

nous, que le negligeant il semble que nous
nous negligeons nous mesme : voyant
aussi que ses effects & operations sont si
variables & contraires en nous, qu'il
n'y a personne qui les ayant contemplé,
ne les admire grandement, & soit tres-
desireux de les recercher & cognoistre:
car pour vous declarer la chose à la let-
tre. Le vin cause la ioye, la tristesse, ai-
guisse & appesanty l'esprit, augmente
& diminuë la substance du corps, preserue & corrompt la santé; ce qui n'est
tant admirable pour la varieté, que pour
les accidents si diuers prouenans du seul
vin. Ce qu'estant, est-ce merueille si aucuns l'ont iugé chaud, aucuns froid, aucuns humide, aucuns sec? mettant quelque force à la varieté des saueurs. Mais
nous tacherons de vous faire paroistre
tout à faict la verité de ce subiect, ne me
pouuant

pouuant contenir aucunement, pour l'intelligence tant variable , laquelle de iour
en iour ſe met en lumiere . Cependant
d'autant que pour le iourd'huy difficilement ſe peut-il mettre quelque choſe au
iour ſans s'expoſer aux cenſures trop te-
meraires & meſdiſantes d'aucuns zoi-
les enuieux, diſant que ce n'eſt le faict
d'vn ieune Medecin de rendre peine à la
compoſition de quelque traicté nouueau,
pour le peu d'experience qu'il doit auoir,
(auſquels ie reſpond auec Auicenne)
Poſſibile eſt iuuenem ſublimia dicta
reſerre. A ſçauoir par continuation &
aſſiduité d'eſtude ioinct auec l'experience: Pour obuier donc à tout cela , ie me
ſuis perſuadé de choiſir quelque illuſtre
perſönage, ſous l'authorité duquel i'euſſe
peu mettre en lumiere ce mien petit trauail pour luy ſeruir de garand. Ie ne pou-
uois

uois faire election d'vn plus illuſtre, ſage,
& vertueux Prelat, que vous MON-
SEIGNEVR, qui faict grand eſtat, non
ſeulement de tous ces bons Religieux vos
ſujects, que vous incitez de tout voſtre
pouuoir à la vertu, leur ſeruant de phare
& de flambeau ardant & luiſant, mais
encor en faictes de meſme de tous ceux
qui s'adonnent à l'eſtude, & cognoiſſan-
ce des ſciences. Pour ceſte conſideration
MONSEIGNEVR, ie ſuis venu aux
pieds de Voſtre S. rie, auec ce mien petit
liuret, pour le mettre ſous les aiſles de ſa
protection, luy dediant de bien bon cœur,
la priant treſ-humblement le receuoir
auſſi fauorablement que i'ay de bons deſirs en l'ame d'eſtre toute ma vie
De Voſtre S. rie

Le treſ-humble & affe-
ctionné ſeruiteur

ENGELBERT LAMELIN.

APPLAVDISSEMENT A L'AVTHEVR.

LAMELIN ce n'eſt pas la muſe qui t'honore,

Tous ces vers recerchez ſont propres ſeulement,

Pour ceux dont le ſçauoir ne ſe voit nullement,

Et dont le nom caché ne paroiſt point encore,

Tant de doctes eſcrits dont le ciel te decore,

Rend ton nom bien cognu & digne d'eſtonnement :

Car tu as mis tout ieune au iour tres-doctement,

L'AVANT-GOVST DE CE VIN que tout le monde adore.

Par ton amy

F. H. L. T. R.

APPLAVDISSEMENT A

A D

AD LECTOREM
BENEVOLVS AVTOR.

Miraris latio, Lector meritissime, verbo
   Cur Autor validū nō dedit illud opus.
Sistito, namque sibi leuior via certè fuisset
   Mandare in latias dulcisonasque voces.
Fecit at hoc hominū variorum sacra cupido,
   Qui nunquam latios excoluere sonos.

A. P. S.

IN MERITISSIMVM LIBELLVM
DE NATVRA VINI.

Dvm tam sollicito ditescunt rura colono
   Rura machaonij non peritura soli.
Scaldiferis erumpit aquis nec inertia cessat,
   Pectora languenti pungere liuor acu.
Quo magis acclinem sitiens Lameline laborē
   Intendis vigiles ad sacra pensa manus.
Dumque tua affectos vsu medicaminis artus
   Dextra iuuat variam dū fugat arte luem,
Zoilus occulto teritur liuore nec ægrum
   Admittunt medicam vulnera mētis opem.
Viscera tabifico rodat licet alta Venero
   Crescat in æthereos dum tua fama polos.

H. F. M. C. L. M. & L.

SENSVIVENT LES NOMS
DES AVTHEVRS CITEZ EN CE LIVRE.

Hyppocrate,
Galien,
Conſtantin,
Manard,
Auicenne,
Macrobius,
Albert,
Paul Æginet,
Riolan,
Leſsius,
Salerne,
Arnel.
Villanoua,
Pline,

Fernel,
Harchius,
Meſuë,
Terentius,
Propertius,
Ætius,
Ouide,
Valeſius,
Anazare,
Androcides,
Dioſcoride,
Lobel,
Beguin,
Rondelet, &c.

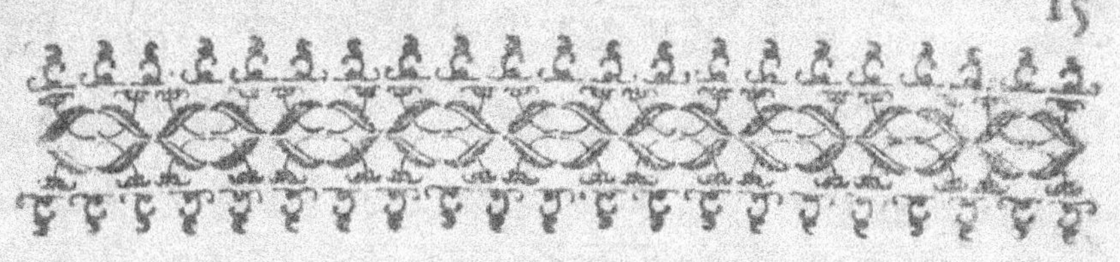

DE LA NATVRE DV VIN.

LIVRE PREMIER.

CHAPITRE I.

IL ny a personne comme ie croy qui ne confesse y auoir plusieurs voire presque infinies especes, nombres, ou genres de vin, comme aussi de vignes, veu qu'ils sont multiplié non seulement par la diuersité des regions & lieux, mais aussi par les nombres des champs diuers, ny ayant region qui ne s'attribuë, vne propre & familiere sorte de vin, comme leurs noms assés le manifestent & tesmoignent: à sçauoir vin de Rhein, vin de Beaulne,

vin

vin de Bourdeau, vin d'Ay, vin d'Au-
xer, vin de Coignyaque, vin d'Espaigne, de Madere, de Canarie, vin
Grec; voire en la mesme region, ils
varient tout à faict, selon la situation
des lieux & proprieté du terroir; dequoy nous sommes tesmoings, or
par les gouts, or par les affections
que nous resentons en nous; car aucuns sont aspres, aucuns sont durs,
aucuns d'vne saueur amere, aucuns
delicieux, doux & agreables, aucuns
sont austeres, & acres, aucuns gros-
siers, sans goust & aqueux, auec lesquels sortes de saueur, il reçoit tant
de diuersité, que la langue n'est capable de declarer, discerner, ny iu-
ger. Ils ne varient encor pas moins
en odeur, & couleur, qu'en saueur,
mais outre les predittes differences
des

des saueurs , il y a aucuns vins , lesquels changent nostre corps par aucunes qualités sensibles; les vns le re-
chauffent , les autres le refroident
aucuns l'humectent , les autres le deseichent , & ny a si grande diuersité
de vin, que ou la veuë, ou l'odorat,
ou le goust, ne soit capable de discerner; mais aussi faut il auiser , qu'en
iceux il y a aucunes facultez & proprietez occultes, que l'experience a
enseigné aux hommes; Car Pline au
liure 14. des natures cap 18. raconte
qu'il se faict du vin en Arcadie rendant les femmes fecondes , & les
hommes en furie. Puis que par vne
autre sorte de vin, on prouo que l'a-
uortement , d'vn autre le sommeil,
d'vn autre qui l'oste & l'empesche:
voire mesme il affirme que dedans

l'Isle de Tharse il y a vne vigne The-
riacale , dont le peuple boit le vin
pour sa santé , & mange le raisin d'i-
celle, qui sert de remede contre les
morsures des serpents & bestes venimeuses, le mesme nous met encor en
auant, vne autre sorte de vin d'odeur
d'encens , duquel ils salüent les
dieux. En Egypte il y a vne tres-douce & excellente vigne seruant de medicament laxatiue , & au contraire
en Licie il s'en recouurent aucunes
qui guarissent le flux de ventre & la
dysenterie. Il y a d'auantage aucuns
vins qui tout incontinent accablent
la teste de douleur & pesanteur, aucuns qui le soulagent & guarissent.

Si le Medecin peut rechercher par ses principes, vne nature commune en toute sorte de vin?

CHAPITRE II.

VEu que l'obiect de la Medecine est le corps humain (entant que curable ou guerissable) comme dit Arist. duquel le Medecin presuppose & considere non sans raison les proprietés selon lesquelles telle guerison se peut faire, il est tres-euident, que le Medecin ne peut rechercher de sa propre authorité vne nature commune en toute sorte de vin ; car s'il pouuoit faire telle chose, la Philosophie naturelle seroit superfluë. Sçachez donc que si le Medecin fait des recherches semblables, qu'elles

ne

en sont pas siennes, mais du Philosophe naturel, lequel contemple les
temperatures vniuerselles, par les
causes generales, des qualitez pre-
mieres. Mais le Medecin ayant seulement esgard à la preseruation de la
santé, & curation des accidens sur-
uenans contre nature en icelle, n'au-
ra d'autre consideration des vins,
que comment & quant ils sont pro-
fitables & nuisibles, veu donc que
la santé & temperature de l'homme,
consiste en l'egalité des humeurs,
desquels le Medecin est iugé operateur, tel vin qu'il trouuèra eschauffer
les parties refroidies, asseuremeut il
le iugera chaud, ceux qu'ils deseche-
ront l'humidité trop abondante de
l'estomach, les iugera seiches : côme
aussi du contraire, s'il remarque
qu'vn

qu'vn corps affligé d'humeurs bilieuses, est refroidis & humecté par
vn traict de vin delicat, sans faut aucune, il iugera tel vin froid & humide, mais ceux là qui eschauffent &
deseichent les corps melancoliques
(comme des veillards) ceux là seront
rencontrés certainement d'vn naturel chaud & humide, semblable-
ment s'il apercoit que quelque vin
recrée nostre corps, sans aucune in-
iure & lesion, dira incontinent que
c'est vn propre & conuenable aliment pour iceluy, & ne doutera selon le naturel des hommes, d'en vser
pour son aliment: car le Medecin est
iuge operateur coniecturel de la santé dont il considere à la mode, ce
qu'il se pourroit entendre par les autres du contraire, & par ainsi il dis-

cerne

cerne des temps de l'année non
comme l'Aſtrologien, mais ſelon la
temperature ſenſible prinſe de noſtre corps, partát que s'il y a vne Eſté
participante de la temperature de
l'Automne, il predict & preuoit incontinent des maladies automnales;
il conſidere auſſi la neutralité , laquelle n'eſt admis par les Philoſo-
phes. Ie pourrois apporter pluſieurs
autres choſes à ce propos, mais cecy
ſuffira en tant qu'il eſt capable de
vous ſeruir d'authorité & aſſeuran-
ce, que le Medecin eſprouuant diuers effects du vin, ne peut par vne
raiſon ſeule rendre ſentence d'iceux,
ce qu'eſtant comment ſe pourra-il
faire, que par vne methode ou voye
de doctrine, qu'il pourra rechercher
vne ſeule nature en tous les vins?

Ce

Ce pourquoy pour respondre au Chapitre precedent, ie dis qu'il ne se doit disputer du vin en telle façon s'il a vn vray genre naturel, & s'il contient sous soy des vrayes especes?

CHAPITRE III.

OR veu que le Medecin n'est pas assez suffisant de pouuoir rechercher par ses principes de Medecine, la nature confuse en tant de diuerses genres, & les reünir en vne forme, il est question de voir quelle façon & chemin il y a, pour cognoistre telle chose par la science naturelle, car apres auoir examiné ce que le Philosophe naturel dit sur ceste sentence, nous dirons ce qu'il touche pareillement le deuoir du Medecin;

car

car encor que le Philosophe & le
Medecin ayent vne telle correspondance ensemble, qu'ils seruent par
leurs actions mutuelles l'vn à l'autre:
si est-ce toutesfois qu'ils se compor-
tent tellement ensemble, qu'ils per-
secutent tout à fait les inconueniens
de la nature, non pas reciproque-
ment, car la medecine ne luy sert que
d'addition: partant le Medecin dict,
& mét beaucoup de choses en auant,
que comme se dira apres, il est refuté
par le Philosophe naturel; or quand
nous recherchons la nature commune aux genres des vins, il faut suppo-
ser que le vin n'est pas en soy vne espece parfaicte, mais quelque particule de la vigne, & ce en partie faict
par la nature, en partie par artifice.
Partant *le vin est le sucq de la chair*
estant

estant ou enuironnant le fruict de la vigne, pressé par la diligence des hommes &
gardé pour ses vsages. Telle est la definition du vin totalement complete,
recerchons maintenant ses qualiteés.

Si le vin est chaud ou froid?

CHAPITRE IV.

NOus pourrions mettre facilement en auant plusieurs signa-
les pour prouuer que le vin est froid;
car en premier lieu il est froid par at-
touchement, & potentiellement
nous pouuons prouuer estre froid,
par les actions & symptomes des
yuroignes, car ils ont tres-froid en
boisson & tremblent tres-fort, & s'il
y en a plusieurs, lesquels estant refroidis par l'excez du vin, viennent

subite-

subitement aux abois de la mort : en
oultre il est tres-probable que le vin
engendre des maladies froides, à sçauoir tremblement, Paralysie, Apoplexie ; en outre que ceux là lesquels
auec le vin ont prins des froids ve-
nins, ils meurent plus facilement &
subitement. Ce pourquoy Macrobius parlant des qualitées du vin a
dit & affirmé qu'il estoit d'vn froid
naturel. Mais nous pouuons estre
plus facilement asseuré qu'il est
chaud, non pas seulement par les excez & yuroigneries, mais aussi par la
sobrieté & bon regime de viure temperé & moderé, tesmoing le iugement des personnes bien regleés,
n'est il pas vray que le vin eschauffe
& le beuuant auec mesure, l'on reçoit vne chaleur tres-douce & agreable?

ble? dont les esprits sont recrées &
refocillées, & les forces de l'ame sont
recueillies , & le peril de la mort bien
souuent eschappée ? comme il se voit
ouuertement en ceux , qui estant à
demy mort , ou par effusion de sang
trop abondáte, ou d'abstinence trop
violente, ou par labeur & trauail excessiue & demesuré, ou par autre cas
debilité, refocillé subitement par vn
tatin (ou bien souuent par le seul
odeur) de vin , reprennent courage
& reuiuent tout à coup ? De mesme
nous font paroistre les maladies des
yurcignes desquels bien qu'ils soiēt
inegaux en beaucoup de chose, ils
cóuiennent toutesfois presque tous
en cecy. Premierement qu'ils ont la
teste eschauffé, & sentēt en icelle vne
repletion & pesanteur notable, dót

les

les sens naturels semblent estre agités & n'estre presens à eux mesmes,
ce qui est tres-probable, d'autant
que pour ceste cause & raison se faict
l'yuroignerie, que ceste partie est
tousiours eschauffée par dessus les
autres, car le vin a ceste proprieté naturelle, qu'estant alteré par nostre
propre chaleur, il se reduit facilemét
en des vapeurs montant & s'insinuát
tousiours aux parties superieures, à
cause de l'inflammation causée pour
son excez dedans le ventricule, or la
teste pour sa rodeur & supereminen-
ce resemblant à vne ventouse, faict
attraction de ces vapeurs, desquels
estant réplie & accablée, experiméte
& sente vne pesanteur notable, cest
pourquoy les sens sont totalement
agités, & cét en partie par la chaleur
située

situuée en ces vapeurs, & en partie par
la force des esprits inserée en iceux:
car le vin de sa propre nature, n'est
pas tant chaud & humide que fumeux, comme l'on peut voire par sa
force, & par l'odeur vineuse consi-
stans en l'humidité de l'air & de
l'eau. *Car l'odeur est vne mixtion d'vne
seiche partie sauoureuse faicte par la
force de la chaleur en l'humidité de l'air
& de l'eau.* Dont le vin signamment
par son odeur vineuse, engendre l'y-
uroignerie, puis que tout odeur gre-
ue & appesantie la teste tellement
que les sés naturels ne peuuét vaquer
deümét à leurs deuoirs & offices or-
dinairs, tels accidés donc & incoue-
niens ont accoustumé d'engendrer
les excez immoderés du vin, lesquels
s'ils sont fort demesurés, seront capables de suffoquer la chaleur naturelle:

relle:car si vne grande humidité n'est
gouuerné par ladite chaleur naturelle elle se refroidie , & engendre
des maladies semblables à soy, d'où
viennent des estourdissemens, con-
uulsions, retractions des nerfs, &c.
lesquels ne se guarissent auparauant que la chaleur naturelle s'aydãt
soy-mesme, & resoudant peu à peu
ceste-dite humidité, se soit tellement
debatuë d'icelle qu'elle en aye em-
porté la victoire, en quoy elle est grã-
dement assisté par la moderation du
vin, d'où nous est tres-manifeste que
le vin est chaud, passons donc à la declaration d'vne autre qualité.

Si le vin est humide ou seiche?

CHAPITRE V.

IL y a de la tres-grande dispute & dissention entre les Autheurs qui traictent de la temperature du vin, car Galien au liu. 2. de ses Aphorism. dit que le vin est chaud & humide, il a maintenu la mesme sentence au Commentaire 18. de la mesme particule, & au cap. 17. du troisiesme liure des causes des poulx, où il enseigne que le vin nourrie vistement, par ce qu'il a vne chaleur tres-puissante en soy, resocillant subitement les humeurs & les esprits. Paul Æginette & Ætius disent que le vin est chaud & humide au deuxiesme degré. Mais le contraire nous enseigne Galien en

ses

les Aphorism en la 5. partie du Comment. 5. où il attribuë au vin vne faculté eschauffante & deseichante en
ces parolles, le vin guarie par sa qualité la maladie qu'il a engendré, eschauffant les nerfs & les deseichant,
il y a donc vne tref-grande controuerse entre les graues Autheurs de
Medecine, laquelle Manard, voulant resoudre sur les parolles de Galien, a dit que le vin estoit vn aliment
chaud, & vn medicament seiche:
mais toutes-fois selon que ie recognois les passages de Galien signifient
quelque chose de plus grád, qui disét
que le vin est humide, que de dire
que ce seroit vn aliment chaud &
humide; car selon la doctrine de Galien au 3. des temperaments, tout aliment en tant qu'aliment, est chaud
&

& humide , veu qu'il augmente le
sang, & a ceste proprieté generalle
& commune, de reparer la substance
chaude & humide, partant ce qui est
commun à tous ne sera attribué
comme particulier : or quand quelque aliment est appellé chaud ou
humide, froid ou seiche, ce n'est pas
à cause qu'il est nourrissant , mais à
cause qu'il a vne de ces qualités plus
excellente, partant ie iuge, & affirme
que le vin entant qu'aliment & medicament , est chaud & humide,
pour ce qu'il eschauffe & humecte
apertement par sa propre substance;
car estant seiche , il ne pourroit
auoir vne faculté fort nourrissante;
ie diray donc qu'il induit telle sei-
cheresse par accident , ou par augmentation de la chaleur , comme

C   nous

nous enseigne Galien au 5. de ses
Aphorism. que les yuroignes deue-
nans muets, sont guaries par le vin
en ceste façon , à sçauoir les nerfs,
estant eschauffés naturellement, &
deseichés par accident, c'est à dire ou
par trop grand eschauffement , ou
par grande euacuation , & expi-
ration occulte de la substance humide. Dóc il est certain que ces operations sont faictes par accident,
& non naturellement; or les operations qui sont faictes par accident,
n'attribuent aucunement la deno-
mination aux autres , mais ceux-là
seulement qui naturellement: car au-
trement nous serions cótraint d'ap-
peller le bain d'eau chaude, medicament seiche , veu que la trop grande
infusion d'eau chaude extenuë le
                                    corps,

corps, les humeurs estants dissipées
par euaporation & transpiration in-
sensible : & non seulement le bain
d'eau chaude, mais aussi tous le me-
dicamens laxatifs, lesquels bien que
du commencement ils eschauffent,
si est-ce toute-fois que peu apres ils
rafraischissent, estât les excreméts vi-
tieux causans la fiebure, & appaisant
la chaleur contre nature causée d'i-
celle. Si donc les operations qui se
font par accident, ne donnent deno-
mination aux medicaments laxatifs,
il ny a pas de raison de dire que le vin
soit seiche, non plus que les medica-
mens;mais il est humide, comme son
vsage clairement le demonstre. Il est
donc question de declarer ce qui se
faict naturellement, & le distinguer
de ce qui se faict par accident. Les

maladies pareillement de ceux qui
iournellement sont addonnés aux
excés du vin , appertement nous le
declarent: car elles sont toutes humides , veu qu'ils sont trauaillé de tant
de catharres & fluxions, qu'ils de-
uiennent podagres, paralytiques , &
sans aucune force. Mais quelqu'vn
nous mettra en auant, que si ces maladies sont humides , que consecuti-
uement elles sont froides, & par ainsi
que le vin ne peut estre chaud : mais
tesmoing Valesius en ses controuer-
ses , ceste raison ne veut rien dire au
contraire de nostre conclusion, d'autant que nous parlons seulement des
qualitées du vin moderé, & cecy s'entend de son excez ; Car le vin estant
pris par excez , & ne se pouuant digerer , deuient asseurement froid
pour

pour sa crudité, & toute-fois ne peut
estre priué ou destitué de son humeur naturelle; la raison est, tesmoin
Arist. d'autant que les qualités passi-
ues sont tres-difficilement separa-
bles: C'est pourquoy le vin est vn medicament chaud & humide, encor
bien toute-fois que de son vsage immoderé viennent des maladies froides & humides, comme a esté dict.
Or quant à ce que nous auons preallegué de la chaleur du vin, pour
dissoudre toute controuerse, c'est
qu'il se doit entendre du vin entierement faict, cuict & rassy; car le vin
si recentement tirez des raisins depourueu, & destitué des qualitez
predictes, il est appertement quel-
quefois froid, mais cela ne doit pas
estre bonnement appellé vin, ains

pluftoft quelque refemblance ou preparation de vin, appellé mouft, de la façon que les Autheurs tiennent & interpretent, comme auffi ie vous ay en ce traicté monftré & fuffifamment prouué.

Si le vin a vne chaleur ardente comme plufieurs ont penfez?

CHAPITRE VI.

PLufieurs de noftre temps, ayant efté abufé pour l'excez immode-ré du vin, nous ont laiffé pour tefta-ment, que la qualité naturelle du vin, confiftoit en ce qu'il auoit en foy vn chaleur ardente & exceffiue, prouuant leur conclufion par cefte raifon ; d'autant que fa generation venoit d'vne grandiffime chaleur

estiua-

estiuale, & se faisoit par grande ebul-
litió; mais ceste raison ne nous prouue rien d'autre que le vin a vne chaleur estrangere en l'humidité : car
si cest indice & coniecture estoit
vraye, l'on pourroit pareillement inferer que l'eau & tout ce qui se
pourroit boüillir, seroit d'vn naturel
semblable. En outre, ce n'est encor
assez de dire que le vin par son inue-
teration deuient tres-ardét: car le vin
qui est fort inueteré, ne tient plus la
vraye nature de vin, veu que la partie
potable est resous, & l'odeur & la saueur vineuse est expiré & euanoüye,
& delaissée de sa propre chaleur naturelle, qui la soustenoit. De là il n'est
encor pas pourtant ardent, pour ce
qu'estant exposé au feu, il brusle, veu
que cela se faict pour son humidité
                   cleagi-

cleagineuſe, ſeparé de ſa nature vi-
neuſe. D'auantage l'on ne peut encor inferer que le vin ſoit d'vn naturel ardent, à cauſe que de ſa partie feculente, l'on faict ceſte eau tres-ver-
tueuſe nommé branduin, ou eau de
vie; non plus que celuy lequel de
quelque meſlange terreſtre par ſu-
blimation tirant quelque partie
aqueuſe, vient à dire que cét vn corps
aqueux, ou ayant tiré de quelque
aquoſité quelque choſe ardente, in-
fere auſſi toſt que ceſt vn corps ardent, veu qu'il peut auoir pluſieurs
parties terreſtres & aqueuſes, deſ-
quelles les ardentes fuſſent ſeparées,
eſquelles ceſte puiſſance eſtoit.
Dóc les fictions poëtiques par cõpa-
raiſon nous aſſeurét que la nature
du vin eſt chaude & humide; encor
                                        qu'au-

qu'aucuns luy euſſent attribué vne
faculté ardente, deduiſante l'origine
de Bacchus, de Semelé laquelle auoit
eſté bruſlée: mais ſçachez que toutes
ces obſeruations ſi ſinguliere des
choſes ſe faiɕt pour plus grande ad-
miration des hommes; comme par
exemple on raconte qu'Achamas
eſtant eſchauffé par le vin & mis en
furie, a tué & occis ſes enfans. De là
que Semelé venoit d'vne matiere
bruſlée par Iupiter, mais tout cecy
ombrage ſeulement tant ſoit peu la
verité, ſi toute-fois nous y voulons
adiouſter ce qu'il manque, il ſe deura
entendre du vin par trop vieux & inueteré, reſemblant tout à faiɕt au vinaigre, comme a eſté cy deſſus aſſez
declaré, ou de ſon excez fort immoderé cauſans des inflammations, ce

qu'il

qu'il suffira pour la declaration de ses
qualitez, desirant venir à la conue-
nance de sa nature, auec celle des
hommes.

Si le vin est vn aliment conforme à la
nature des hommes?

CHAPITRE VII.

Maintenant est question de
voir quel conforme aliment
le vin est à la nature des hommes, &
de le faire paroistre s'il peut humecter ou deseicher nostre corps. C'est
pourquoy ce que cy deuant auons
dit, maintenant nous le confirmons,
que toute chose nourrissable a de la
nature conuenable auec la chose
nourrie, tellement qu'elle peut estre
facilement gouuerné & alteré par
nostre

noſtre chaleur naturelle : car le tout
n'eſt pas touſiours capable d'agir ſur
le tout, ny l'vniuerſalité ſur l'vniuers,
teſmoing Ariſt. en ſes problemes.
Cét pourquoy en toutes les ſortes de
plantes & de metaux, il y a touſiours
aucunes matieres plus propres deſ-
quelles ils ſont engendré. Car le vif-
argent ne peut pas eſtre engendré de
meſme temperature que l'argent, ny
l'argent de meſme temperature que
l'or, encor que de toutes les ſortes de
metaux il y eut vne commune &
groſſiere matiere à eux deuë & aſſig-
née, & non aux autres plantes : &
chaſque ſorte de plante & animaux
ont des ſemences propres, par où la
nature auec bon ordre par generation vient à atteindre leur ſubſtance.
Cét pourquoy on appelle la matiere
men-

menſtruelle, matiere propre pour la
generation de l'homme, par ce que
du commencement à cauſe de l'incli-
nation de ſa propre ſubſtance, elle ſe
conuertie facilement en la forme de
l'hóme: De là viẽt que telle matiere a
proprement quelque choſe conuenable & familiere auec la choſe ge-
nitiue, & quelque choſe de diſſem-
blablè & contraire: donc la faculté
actiue s'efforçant de s'emparer de ceſte matiere, pouſſe & repouſſe la có-
traire, & s'empare de l'autre, laquelle
ſymbolize & cóuient tres-bien auec
ſa nature; d'autant que ſemblables
natures ont facile tráſmutation auec
la faculté actiue. Partant faut-il entendre que tout ainſi qu'il arriue en
la generation, de meſme arriue-il en
la nourriture, car la nourriture n'eſt
autre

n'est autre chose qu'vne espece de
generation. Partát ny plus ny moins
que l'homme n'est pas engendré de
toutes sortes de choses, de mesme
aussi n'est-il nourry. Car l'homme ne
reiecte pas seulement les alimens sau-
uaiges & abominables, comme chai-
re cruë, du foin & choses autres venimeuses, mais aussi beaucoup de
choses douces, agreables, & comesti-
bles. Ce qu'il n'arriue iamais touchát
l'vsage de froment & de vin moderé,
lesquels seuls, nous peuuent plus suf-
fir sans tous les autres alimens que
tous les autres sans iceux. Dequoy
Aristote allegue la raison en ses problemes, disans que par ce que les-
dicts aliments symbolizent auec
nostre nature, ils sont tousiours
poursuiuis de la faculté attractiue, ie
dis

dis l'appetit : ce pourquoy Galien au
liure des Temperamens, donnant la
difference entre les alimens & po-
tions medicinales , & alleguant la
cause , de l'alteration plus facile de
l'vn que de l'autre , a pour fondement que par ce que l'vn ou l'autre, a
vne temperature propre & conuenable pour l'vn, diuerse pour l'autre;
dont il altere la chose à soy conuenable, pour en faire digestion , & s'en
emparer pour l'augmentation de sa
substance, ce qu'il arriue signamment en la nature du vin, ce que d'ailleurs pouuons coniecturer & con-
firmer ; par ce qu'aux lieux là où
croist le vin, les Regions sont plus
douces & temperées, & semblable-
ment les hommes vsants d'iceluy.
Mais les lieux où il ne peut croistre,
font

ſont aſpres ſauuaiges, & inhabita-
bles, ou par trop grande froidure, ou
par trop grande chaleur: cauſe pourquoy les hommes n'vſans aucunement d'iceluy, ſont plus ſauuaiges,
brutals & inhumains, leſquels toute-
fois ſi par cas d'aduenture ils tombét
d'en gouſter tant ſoit peu, le deſirent
auec plus grande auidité par apres,
que ceux, leſquels ont accouſtumé
d'en vſer. Cét pourquoy Pline ſur
ceſte ſentence, dit: *Vino aluntur vires
săguis colorque hominis*. Mais ſur toute
choſe ſa vertu & faculté nous decla-
re ouuertement ſa nature conuenable auec la noſtre, veu que de ſon
vſage ne prouiennent pas moin-
dres effects, que du ſang, lequel eſt
dernier aliment de noſtre corps; tellement que non ſans raiſon Ariſt. en

la

la section troisiesme de ses problemes, l'accompare au sang: car ny plus
ny moins qu'il y a du sang, l'vn chaud
& grossier, l'autre chaud & subtile,
l'autre subtile & froid, de mesme est-
il du vin, & comme la force la plus
capable du sang, est de celuy qui est
le plus chaud & grossier, de mesme
est-il des vins semblables, lequel aux
personnages forts & courageux est
l'aliment le plus conuenable, mais
le sang subtile & froid, à la faculté
plus sensible & intelligible, auquel
le vin de mesme qualité est accom-
paré, lequel à bon droict est appellé
de Theophrastus *Morale*, par ce
qu'il est tres-conuenable à ceux, qui
desirent de garder leurs sens esclar-
cis pour l'vsage & obseruation des
estudes & de la modestie.

Que

Que le vin est grandement conuenable au naturel melancholique?

CHAPITRE VIII.

LE vin ne conuient encor pas moins à la melancholie en cecy; à sçauoir que comme icelle par quelque participation de son habitude, varie & change l'esprit & les meurs des hommes, de mesme en faict le vin. Au reste faut noter que par la melancholie Aristote n'entend point, ceste matiere feculente, crasse & terrestre, de la masse sanguinaire, laquelle augmentant petit à petit (par quelque regime de viure) trauaille les hommes de maladies melancholiques, mais il entend la refrigeration de quelque

D   hu-

humeur , laquelle naiſſante auec
la chaleur naturelle , vient ſelon ſa quantité à changer & varier
la nature & meurs des hommes : car
ces deux qualités à ſçauoir la chaleur
& la froidure, ſont touſiours les pre-
mieres aux temperatures : dont elles
acquieſcent vn ſouuerain pouuoir
de diſpoſer les meurs , comme
auſſi toutes les affections, deſirs , vo-
lontés , craintes, fuittes, comme l'autheur prealleguė en ſon liure du
mouuement des animaux , nous a
fort amplement declaré. Au ſurplus
par les ſymptomes de la nature melancholique, il eſt treſ-euident, que
le vin eſt plus conuenable , que ne
ſont autres liqueurs. Car les melancholiques ſont touſiours pleins de
vents, & trauailliez de maladies cau-

ſées

sées de ventositées ; dont nous les
voyons auec les veines chordées &
remplies, non pas de sang, mais de
semblables humeurs: or le vin clairet
plustost que le blanc, dissipe les ventosités, comme il appert par son escume, dont l'experience nous fait
voir qu'il prouoque à luxure & con-
cupiscence, selon que porte le commun Prouerbe, *Sine Cerere & Bac-*
cho friget Venus, &c. mais d'autre
part le vin est tres-conuenable à la
nature melancholique, laquelle côme estant froide, conuient auec la
nature de son suiect, sçauoir de l'eau
& de la terre. Tout ainsi qu'il arriue
que la melancholie pour sa qualité
tendre & grossier, est diuersement
eschauffée ou refroidie par nostre
chaleur naturelle: de mesme aussi ar-

riue-il du vin. Car comme par la mu-
tation & changement de la melancholie, de sa qualité chaude en qualité froide, il arriue bien souuent la
mort subite, de mesme aussi peut il
arriuer à beaucoup, lesquels addonnés continuellement aux excés immoderés du vin, viennent tellement
à refroidir la chaleur naturelle, qu'ils
consomment totalement l'humide
radicale, & meurent tout à coup : ce
qu'il arriue d'autant que ceste liqueur pardessus les autres conuient
tellement, auec la nature des hommes, que nostre chaleur penetrant
facilement en luy, nous produict
aussi quant & quant des change-
mens & mutations faciles ; cét pourquoy non sans raison *Galien en son li-*
ure de *Poculentis*, dit, que le vin seul
entre

entre toutes les boiſſons eſt nourriſſant, comme ayant plus de fami-
liarité auec noſtre corps que tous les
autres breuuages, cét pourquoy à iu-
ſte raiſon il a merité ce priuilege d'e-
ſtre appellé ſang, comme rapporte
tant Pline au liure 14. des natures
chap. 5. qu'Androcides grand & do-
cte perſonnage lequel eſcriuant à
Alexandre le Grand & l'aduiſant ſur
ſon intemperance, luy dit ces parolles : *Sire reſouuiens toy qu'en beuuant le
vin, tu bois le ſang de la terre.*

Quel doit estre le vin pour estre iugé vn aliment propre à la nature des hommes & les qualitez requises?

CHAPITRE IX.

VEnant en ce present chapitre à la declaration des qualités du vin, propres & conuenables à la nature des hommes, ie m'accorderay fort à propos auec Galien, Hippocrate & autres, mais signamment auec Salerne, donnant son iugement sur l'approbation du vin, & alleguant les qualitez tant speciales qu'vniuerselles, essentielles, qu'accidentelles qu'il doit auoir, en ces parolles.

Vina probantur odore, sapore, nitore, colore,

Et bona vina cupis, hæc approbantur in illis :

Fortia formosa, fragrantia, frigida, frisca.

Qui est, que pour approuuer le vin, il faut premierement qu'il aye ces quatres qualités generalles, sçauoir *L'odeur* : car le vin de bonne odeur doux flairante & agreable, multiplie & subtilise les esprits, & selon l'aduis de Constátin en sa Theorie il est nourrissant, & engendre vn sang pur & loüable, mais au contraire le vin puát fetide & de mauuaise odeur est tres-pernicieux & contraire à la nature, tesmoing Hyppoc. en ses Aphorif. disant. *Appetito potui gratulatur stomachus & seiungit, alium autem auersatur & fugit.* Qui est que l'estomach auoüe foy & fidelité à l'appetit, de

touſiours le pourſuiure & receuoir
courtoiſement, mais les choſes priſ-
ſes du contraire, les renuoyer d'vne
parte & d'autre, mais ſignamment
en la teſte à cauſe du paſſage que l'o-
rifice de l'eſtomach luy a denié. Dõc
nous voyons qu'ayant beu tant ſoit
peu de vin mal plaiſant & mal gra-
tieux, ſuruenir des peſanteurs de teſte fort eſtranges, troublantes les
ſens interieurs; ce pourquoy non
ſans raiſon Galien au 3. liure des maladies aiguës, nous aſſeure que la
ſeule odeur du vin loüable & partát
eſt capable de perfectionner la premiere concoction, laquelle ſe faict
au ventricule ie dis en l'eſtomach.

La ſeconde qualité eſt la *Saueur*,
car tout ainſi que le manger le plus
ſauoureux, eſt le mieux nourriſſant

&

& le mieux retenu & defiré de l'eſtomach , comme a eſté declaré au
deſſus; de meſme auſſi eſt-il du vin.
Toutesfois en ce point faut ſçauoir,
que le vin eſt diuerſifié en faueur: car
il y en a aucuns doux plus nourriſ-
ſans que les autres , durs à digerer,
engendrant vn ſang groſſier, hume-
ctant, & alterant le ventre; il y en a
d'autre verdelets, & confortant l'eſtomach , nuiſibles toutesfois aux
muſcles du thorax & aux poulmons;
les autres ſont aigres, ayant vne faculté diüretique, c'eſt à dire prouo-
quant l'vrine & coulant legerement,
& reſouldant les humeurs groſ-
ſieres, les autres ſont ameres moins
chauds, comme teſmoigne Conſtantin en ſa Theorie.

La troiſieſme qualités eſt la *Splen-*
deur,

deur, laquelle porte indication sur la subtilité du vin, & par consequent sur la subtilité des esprits engendrés par icelle.

La quatriesme est la *Couleur*; Or quant à la couleur il faut entendre que le vin est diuersifié touchant la nourriture : car les vins les plus rouges, sont beaucoup plus nourrissans que les pasles, voyla pourquoy ils sont plus conuenables aux personnes maigres & extenués, que les blancs, & les blancs au contraire plus conuenables que les rouges aux personnes gras & replés, comme a esté dit au commencement de nostre liture, & au texte du present chapitre, par le tesmoignage de Salerne, donnant plus outre cinq raisons specia-les, pour l'approbation du vin.

Dont

Dont la premiere est lors qu'elle allegue *Fortia*, car la force du vin est cognuë par ses effects, cét pourquoy le vin fort est celuy qui eschauffe le corps, remplissant la teste de vapeurs chaudes, selon Galien au 3. liure des maladies aiguës. Et ceste sorte de vin tesmoing le mesme, est grandement nourrissant, & multiplie les esprits: mais toutesfois se garderont de telle sorte de vin, ceux-là qui se trouuent d'vn cerueau debile, & de petite cóplexion, ou bien y adiousteront quantité d'eau, d'autant que la forteresse du subiect surmontant leur nature, pourroit engendrer quelque inflammation au ventricule, puis enuoyant les vapeurs & fumées au cerueau poigner & blesser les membranes.

La deuxiefme eft lors qu'elle allegue *Formofa*, qui eft beau & de belle
grace : car le vin beau d'autant qu'il
eft defiré & retenu auec plus grande
auidité de l'eftomach, il fe conuertis
en meilleure digeftió & nourriture.

La troifiefme eft *Fragrantia*. Qui
eft le vin odoriferant , car (comme a
efté dit) le vin fuaue & de bonne
odeur eft grandement confortatif,
& multiplie de beaucoup les efprits.

La quatriefme eft *Frigida*. Car le
vin doit eftre froid quant à fon
action, mais non pas quant à fon ef-
fect ; furquoy faut fçauoir que le vin
chauffé eftant plus rare & fubtil , en-
yure trop haftiuement, debilite les
nerfs, bleffe la tefte , fignamment fi
on s'abufe de fa moderation & mediocrité.

La cinquiesme est *Frisca* . Car le vin bon doit estre frisque, ou legere, lequel quand on espand donne vn petit son, portant vne petite escume legere, & rendant des petits boutil-lons, desquelles qualitées speciales & vniuerselles, s'il est depourueu & fru-stré doit estre iugé debile, & trempé d'eau, tel donc doit estre le vin pour estre iugé vn aliment propre & con-uenable à la nature des hommes: Mais passant plus outre, ie me re-trouue en quelque doute touchant les couleurs des vins, pour quelque vers produict par Salerne, qui est:

Sunt nutritiua plus dulcia candida vina.

A quoy pourroit auoir aspiré Saler-ne en ce vers ! Ie me dispose tout à faict de vous en donner la declara-tion, pour ne laisser rien (si faire se peut)

peut) d'imparfaict. Salerne donc en
ce vers ne nous a voulu enseigner autre chose, que comme les vins doux,
sont plus facilemét attirez des membres pour leur douceur, auquelle ils
fauorisent grandement, par conse-
quence, il nourrissent le plus, selon
Auicenne au 3. chapitre du boire &
manger, en ces parolles. *Or les operations* (dit-il) *de la douceur, sont digestiŏ,
lenification & augmentation de l'aliment desiré par la nature.* Ce que toutesfois encor qu'il eut generallemét
declaré de toutes les sortes des vins
doux, si est-ce que i'auise & conseille
à vn chacun de prendre & eslire vn
vin de douceur moderée & nó point
trop friand, comme le vin muscat,
maluoisie, &c. d'autant qu'ils viennent à corrompre le sang en la maniere

niere qui s'enfuit. D'autant que la
faculté attractiue, en attire telle
quantité de l'eftomach, au foye, &
auec telle auidité, que le foye n'eft
aucunement capable de le digerer,
dont fe faict vne fanguification bi-
lieufe, flegmatique, corrompuë &
imparfaict. Pour plus grande cog-
noiffance de laquelle, faut fçauoir
que l'on peut encourir trois incommodités de l'vfage du vin doux pour
ceux qui en vfent fouuent.

La premiere eft vn degouft; par ce
que les vins doux, applaniffent &
addouciffent l'orifice de l'eftomach,
induifant audit lieu vne difpofition
contraire à l'euacuation corruga-
tion, qui font les caufes de l'appetit.

La deuxiefme incommodité eft,
que la douceur du vin peut caufer
                                    tout

tout à coup vne inflammation de ce
qui eſt en l'eſtomach, en ſorte que
paſſant au foye, au lieu de ſe conuertir en ſang, ſe conuertiroit en humeur bilieuſe, d'autāt que ſelō Hipp.
les choſes douces ſōt treſ-cōuenables
pour ſe cōuertir en humeur ſemblable, ie dis cholerique. Cét pourquoy
le miel, pardeſſus toutes choſes, engendre vn humeur cholerique, &
apres le miel le vin doux: comme teſmoigne Galien au comment. de fie-
ures aiguës, deffendant aux febrici-
tans n'en vſer aucunement, comme
auſſi aux choleriques.

La troiſieſme eſt vne oppilation
du foye & de la rate, parce que les
douceurs eſtans attirées des ſuſdictes
parties auec leur matieres fecales,
pour la grande delectation qu'ils

ont

ont en icelles , engendrent facilement des oppilations par le moyen
d'vne substance grossiere , dans laquelle est infuse ceste douceur; selon
Auicenne au 2. Canon. chap. 3. du
premier traicté. De là vient que les
vins doux sont moins diüretiques, &
moins propres à vriner que les autres; c'est pourquoy les choses aigres
sont tres-conuenables côtre ces trois
incommodités, d'autant que par leur
aigreur elles prouoquent l'appetit,
par leur froidure , empeschent l'inflammation , & par la subtilité de
leur substance, ouurent les oppilations & obstructions. Or il faut icy
noter, que bien que les vins, & autres aliments doux, engendrent des
oppilations de foye & de la rate,
ils des-oppillent neantmoins, & ou-

urent

urent les obstructions des poulmôs,
la raison de cecy est : par ce que les
douceurs passantes par les poulmons, iceux n'attirent que la partie
la plus subtile. Partant pour conclusion disons auec Galien, que si l'on
boit du vin à ces fins, à sçauoir pour
mieux nourrir, restaurer le corps, &
l'engraisser, (comme il arriue à ceux
qui sont naturellement ou par accident maigres) qu'alors les vins doux
sont plus conuenables, d'autant
qu'ils sont plus nourrissans, confor-
tatifs & restauratifs de la substance
esuentée. Mais au contraire, si nous
ne desirons point qu'ils nourrissent
ou engraissent, il sera conuenable
d'eslire vn vin subtil, non doux,
mais d'vn goust agreable tirant sur la
couleur pasle, de vertu & force moderé.

deré. Que ſi l'on deſire du vin ſim-
plement propre pour eſtancher la
ſoif , alors le vin blanc ſubtil , &
quelque peu debile, eſt le plus conuenable, par ce que tel vin humecte
mieux les parties alterées, & en ſuitte
appaiſe mieux la ſoif . Que ſi d'ailleurs l'on deſire du vin pour confor-
ter, & reparer les eſprits debilités, &
les forces des facultés perduës ; alors
ſera beſoing d'eſlire vn vin ſubtil,
odoriferant, d'vne ſaueur agreable,
couleur mediocre, & forces ſuffiſan-
tes pour mediocrement en vſer à
chaſque repas. Maïs que ſi nous deſirons mondifier la poictrine, & les
poulmons flegmatiques, & accablés
fluxions froides, alors ſera conuenable d'eſlire vn vin, de bonne ſubſtance, ſaueur douce, & aſſez fort en cou-

leur, ce qu'il vous suffira pour la declaration de la douce qualité du vin, pour obuier aux abus infinis , que nous voyons de iour en iour se glisser entre les hommes, & ie me disposeray consequemment à vous declarer les facultés tant admirables, & benefices de l'vsage moderé du vin , & des incommodités dommageables, & interest general de son excez.

Des facultez puissantes , & tresgrands benefices du vin?

CHAPITRE X.

A Yant iusques à present mis en auant les qualités tant speciales qu'vniuerselles, essentielles qu'accidentelles de la nature du vin, & discouru fort amplement de sa conformité

mité auec la nature des hommes. Ie
commenceray (Amy Lecteur) de
vous faire paroiſtre le plus punctuel-
lement que faire ſe pourra, les facultés, benefices, & commodités prouenantes d'iceluy, vous admoneſtát
ſur ce poinct, que parlant de ſes benefices, nous comprenons enſemble
ſa moderation, pretendant au chapitre ſuiuant, vous declarer pareillement, les incommodités prouenantes de ſon vſage immoderé. Nous di-
ſons donc parlant en general des benefices du vin.

Procreat humores vinũ melius meliores.

A la verité le bon vin engendre
des humeurs bonnes & loüables,
pour ce que tant plus que la maſſe
ſanguinaire eſt bonne, d'autant plus
les humeurs prouenantes d'icelle,

doiuent estre bónes, & loüables, sur
quoy Auicenne parlant fort amplement, nous à mis en auant cinq commodités, & benefices specials prouenants de l'vsage du vin . Desquels le
premier est. Qu'il penetre facilement
toutes les parties par la subtilité de sa
chaleur, & se meslant auec l'humeur
alimentaire, le conduit par les passages les plus conuenables , aux facultés deputées par la nature pour leur
conuersion en bonne substance.

Le second est qu'il vient à atte-
nuer, & inciser les flegmes, & visco-
sités, & ce par sa chaleur subtile, &
substance delicate, les preparant premierement, de la ouurant les passages & conduits ordinaires, puis for-
tifiát & confortát la nature pour en
faire meilleur euacuatió, & expulsió.
Le

Le troisiesme est qu'il dissipe l'humeur cholerique soit par sueurs, par vrines, ou par autres eiections: ce que toutesfois se doit entendre du vin passe, ou griselet, n'ayant aucune violence ny fumée en soy: car estant fumeux, il se pourroit conuertir en humeur bilieuse par vn grand eschauffement de foye.

Le quatriesme est qu'il procure passage libre à l'humeur melancholique (qui est grossiere & terrestre) par les propres canaux du foye à la rate, & de la rate à l'orifice de l'estomach, & finalement ayde la faculté expultrice, pour en faire euacuation plus libre auec les excrements.

Le cinquiesme est, qu'il nous affranchit de toutes especes de lassitude, si ce n'est qu'elles soient accom-

pagnées

pagnées de beaucoup de chaleur ex-
terne: car le vin repare abondáment
les esprits dissipés, conforte les facultés, purge & diminuë grandemét les
humidités excremételles des muscles,
des nerfs, ioinctures, &c. & s'il est de
besoin d'humecter quelque aridité,
moyennant qu'on y adiouste tát soit
peu d'eau, le vin humecte hastiuemét.
Mais outre encor les susdicts benefices du vin, il nous en produit mille
autres; car outre ce que dessus, le vin
est vn aliment subit & leger, conforte la chaleur & les esprits naturels, eschauffe toutes les parties du corps,
aiguise l'esprit, appaise la cholere,
chasse la melancholie, amende &
corrige les cruditez de tous excez
d'autres boissons, retarde la viellesse,
& pour dire en vn mot, le vin rend
l'hom-

l'homme viril, & selon le corps & selon l'ame. Donc à iuste raison pouuons nous dire auec Villanoue en ses
Comment. que ceux qui ne boiu-
uent du vin, sont effeminés au prix
des autres. Mais ce n'est encor assez
(cher Lecteur) ie vous veux, de plus
faire paroistre d'autres vertus & benefices du vin, declarez par vn Poëte
tres-fameux ; orsus donc Properce
ne cele la verité, que si ingenieuse-
ment tu as mis en lumiere des facultez du vin, fais nous en saiges.

Incipio lubens dict-il :

Exhilarat vinum, nutrit quoque, visce-
ra firmat,

Et facilè in quæuis corporis arcta
meat.

Concoquit, & sumpto mens fit gene-
rosior illo

Pallida

Pallida purpureo membra colore ni-
 tent.
Inde redit vitæ nouus halitus, inde fe-
 nectus
  Felici numerat tempora longa co-
 ma.

Ce que plus copieusement ie vous
expliqueray, les faisant marcher
(pour le respect de l'Autheur) en
rithmes frãçoises, sur les mesmes vertus & proprietez du vin. Ie dis donc:

Il charme les esprits, & les plus froi-
  des ames
Trouuent en ses glaçons des amoureu-
 ses flammes.

Ouy (cher Lecteur) telle est la force,
telle est la vertu, telle est la proprieté
du vin, que

Soubs l'ardeur de ses feux les esprits en-
 flammées,

        Trou-

Trouuent le plus souuent des glaçons
    renfermés,
Sa puissance peut tout, & sa face affe-
    ctée,
Est de ses ennemys, bien souuent sou-
    haitée.

N'est-il pas vray que bien que par
l'excez immoderé du vin nous nous
ayons cassé la teste, corrompu l'estomach, debilité les nerfs, accablé tout
le corps, nous sommes tousiours
prest de recommencer ? esperant
tourner en benefice, ce qui auapara-
uant nous a porté mal'heur, & incommodité, nous confiant en Salerne, disant :

Si tibi serotini noceat potatio vini,
Hoc mane rebibas, & erit medicina
    salubris.

Qui est à dire en nostre vulgaire, que

le

le lendemain faut reprendre du poil.
mais ie vous veux affranchir de ceste
mauuaife intelligence & interpreta-
tion, du dire de Salerne, laquelle ie
croy auoir efté gloffée par quelque
bon yuroigne: car Salerne ne nous a
voulu enfeigner autre chofe par fon
dire, qu'il pouuoit furuenir deux in-
cómodités à l'homme de l'excés no-
cturne du vin; à fçauoir grand ef-
chauffement & alteration du corps,
& grand mal & pefanteur de tefte,
caufé par fympathie de l'eftomach,
accablé de crudités : dont en l'ef-
chauffement, & alteration, l'on def-
fend tout à faict le vin, pour autant
que ce feroit mefler le feu auec
feu, mais qu'ayant quelque pefanteur de tefte auec quelque degouft
(demonftrant quelque matiere pec-
cante

cante & indigeste en l'estomach) que
lors se pourroit reprendre du vin le
matin ; par ce que de là se pourroit
prouoquer & exciter quelque vomissement , d'où s'ensuiueroit vne
mondification & reparation de l'e-
stomach , restaurant quant & quant
le mal de teste.

Mais ie retourne à mon dire craignant que Properce ne s'imagine
que i'aurois mis en oubly l'explica-
tion de son Poëme , c'est donc que
le vin :

Vnit les cœurs diuers d'vne saincte vniõ,
Et des-vnit les cœurs vnis d'affection.

Comme iournellement voyons (signamment en ceste presente année de
1630. où le vin abonde) s'il y a le
moindre marché à faire , quelque
paix à traicter , ou la moindre chose
à des-

à defmeller, ie dis franchement que
pour la plus part, le vin en eſt la cauſe
motiue, lequel s'il eſt pris par excez,
viendra à infecter l'affaire, & comme
a eſté dit def-vnir les cœurs, auparauant
liés par affection . Plus outre
donc le vin :

Aueugle les voyans ,

Sçauoir en yuroignerie,

Mais l'aueugle il faict voir

Petit il fait par tout redouter ſõ pouuoir.
Selon que nous teſmoigne Hippoc.
en ſes Aphoriſmes.

Oculorũ perniciẽ vini meri potio ſoluit.
Qui eſt que quand dedans les petites
veines des yeux coulent des humeurs
acres, ou quelque ſang groſſier ſans
repletion de corps, que tels accidents
facilement ſe guariſſent par la boiſſon
moderée du vin raſſis.

Ie poursuis donc:

Iupin qui fit le monde , & qui le fit de-
  struire,
N'a peu sans son secours sa machine
  construire,
Bien qu'il faict tout trembler quand il
  est irrité,
Il a flechy cent fois , sous son authorité.
Phœbus flamme la terre, & desglace les
  monts,
Mais le bon vin enflamme & desglace
  ses poulmons,
Et ce Mars qui peut tout, d'vne flamme
  acerée,
Il perce de ses dards, sa cuirasse dorée.
Encor qu'il est tout cœur, il luy gaigne le
  cœur,
Et comme il est de tous , il est de luy vain-
  queur.

Les grans Roys qui se font comme dieux
recognoistre,

Se rendent à luy suiect, dés le iour, dés
leur estre:

Ils se font adorer comme dieux immor-
tels,

Puis eux mesmes luy font eriger des au-
tels.   Bref.

Ils tiennent sous leur loys, le commun
peuple esclaue,

Le vin dessous ses loys leur liberté esclaue.

Admirable bonté qui ne veux que ta
veuë,

Pour captiuer les cœurs, & des hommes,
& des dieux;

Aussi tost que les dieux ou les hommes
t'ont veuë,

Ont voulu faire hommaige au cristal de
ta veuë,

Et

Et sentir les effects, effects tant admi-
rables,
Que ma langue exprimer, n'est pas pour
tout capable.

Mais ie ne me puis contenir en vne
terre si fertile, en vn champ si spa-
tieux, de vous faire paroistre pour
conclusion, comme le vin est la base
& le fondement de tous les remedes,
& curations de toutes les maladies
du corps humain. Premieremét faut
sçauoir qu'é la Medecine il ny a que
trois moyens, pour la curation generalle de toutes les maladies, qui
sont pharmacie, ou chirurgie,
ou diéte. Que le vin nous serue
en pharmacie, qui iamais en pourra douter? veu que nous voyons fort
communement, des infusions de
Rhabarbe que l'on prepare & infuse

dedans le vin pour les refroidissements des poulmons, de la poictrine, & autres maladies; nous auons la
poudre Calybée preparée, laquelle
infuse dedás le vin de Rhin, se prend
pour les inflammations des reins;
nous auons la poudre d'Eufraise, laquelle prise auec le vin blanc, guarit
les defluxions découlantes du cerueau sur la veuë; nous auons la pierre
Iudaïque, laquelle se prend auec le
vin blanc pour la grauelle, & mille
autres semblables. Mais quelqu'vn
nous mettra en auant, que lors le vin
n'est que partial, ou cause adiuuante;
mais ie vous aye faict paroistre assez
suffisamment, qu'il est la cause effi-
ciente & totale, veu qu'il guarit la
veuë affligé d'humeurs acres, incise
les flegmes, les digere & euacuë.

Quant

Quant à la Chyrurgie, les innu-
merables playes & vlceres qui iournellement par sa faculté desiccatiue
& confortatiue sont guaries, nous le
font clairement cognoistre . Quant
à la diete, en telle maladie que ce fut,
l'on diminuë la nourriture , mais
pour tousiours maintenir les facultés en leur estre, l'on permet facilement la tendre , subtile & delicate
nourriture du vin.

Ievous aye donc faict paroistre,
(Cher Lecteur) les vertus & effects
tant admirables du vin , que Plinius
non sans raison, appelle *Medica-*
mentum diuinum, ce pourquoy.
Vina bibant homines, animalia cætera
fontes.

Ie m'en vay auec vostre permissió
vous faire paroistre les incommo-

dités

dités de son vsage immoderé pour
n'encourir le nom de prolix.

Des accidens & malefices prouenants
de l'excés immoderé du vin?

CHAPITRE XI.

ENcor bien qu'Hyppocrate entre ses conseils les plus particu-
liers nous eut laissé, qu'il estoit profitable à l'homme d'exceder, & s'enyurer vne fois le mois, donnant
quelque peu carriere à sa sensualité,
disant que de là se pouuoit prouoquer quelque vomissement, lequel estoit grandement preserua-
tif des maladies chroniques; si est-ce
toutesfois que parlant en Chrestien,
nous dirons que premierement ce
conseil n'est permis selon la loy Diuine,

ne, par ce que c'est vn peché mortel
conioinct auec le peché de luxure,
qui est la mere & origine de plusieurs grands mal'heurs , que l'on
voit iournellement (ce qu'Hyppo-
crat a tout à faict ignoré,) & tiens
asseurement, qu'il ne peut estre aussi
profitable pour plusieurs raisons;
Premierement d'autant que gene-
rallement parlant, il y a aucunes personnes , qui ont l'orifice de l'estomach grandement petit, esquelles si
nous penserions exciter ou prouoquer quelque vomissement, nous ne
pourrions à la verité, sans læsion &
outrage notable des muscles du thorax ; surquoy parlant Auicenne au
chapitre 1. *de regim. aquæ & vini*,
nous apporte six incommodités pro-
uenátes de l'excés immoderé du vin.

                    La

La premiere est vne corruption de la complexion du foye : car le vin superfluë venant au foye, il resoud si abondamment sa chaleur, que venant à la faculté sanguifique, au lieu de sang, il engendre des aquosités & dispositions d'hydropisie, des catharres, de fluxions &c. ou bien vient tellement enflammer le foye, & l'humide radicale, qu'il engendre le plus souuent la lepre, gratelle, & autres maladies seiches.

La deuxiesme est vne corruption de la complexion du cerueau, receuant continuellement les fumées du vin, dont il accueil le plus souuent tantost des chaudes maladies, comme Manie, Frenesie, &c. tantost des froides, comme Epilepsie, Letargie, Apoplexie &c.

La troiſieſme eſt vne debilité des nerfs, car nous voyons les biberons iournaliers auec la teſte & les membres tremblãts, & ce non ſeulement en vieilleſſe, mais bien ſouuent en ieuneſſe.

La quatrieſme eſt qu'il engendre des maladies nerualles, comme conuulſion, Paralyſie &c. par ce que le vin pris outre meſure, la plus part dedans l'eſtomach ſe conuertit en vinaigre, lequel eſt treſ-pernicieux pour les nerfs ſelon Hyppoc. *Acetum neruis inimicum*. Et en outre d'autant que bien ſouuent par defaillance, & manquement de digeſtion il ſe conuertit en aquoſités, leſquelles viennent à demollir tellemét les nerfs, qu'il en prouient des tenſions, conuulſions, & contractions

F 4   d'iceux,

d'iceux, & bien souuent les gouttes, selon que chante le commun Prouerbe, *Ieune yuroigne, ieune goutteux.*

La cinquiesme est qu'il engendre l'apoplexie à cause de l'abondance des humidités & vapeurs multipliés par son vsage immoderé, lesquelles ayant suffoqué la chaleur naturelle, viennent d'autre part à boucher, & oppiler totalement les passages, & conduicts des esprits animaux, d'où s'ensuit subitement vne apoplexie.

La sixiesme & le principal est, qu'il peut causer facilemét vne morte subite, à sçauoir lors que sommeillant les passages & conduits de la respiration par abondance du vin ou de ses vapeurs viennent à se boucher totalement, & suffoquer mon yuroigne.

Tel-

Telle est la sentence d'Auicenne sur
l'excés immoderé du vin, laquelle ie
finiray pour meillieure grace auec la
sentence de Terence sur ce mesme
suiect, disant: *Caluitium non est vitium,*
sed grauitatis indicium, nisi quibus Bac-
chus initium, aut morbus gallicus dat
præcipitium. Voulant dire que l'excés
demesuré du vin faisoit deuenir l'hóme bien-tost chauue, ne voulát toutesfois mespriser la chauueté tout à
faict, il nous donnne & allegue deux
causes efficientes d'icelle, dont la premiere est l'excés immoderé, la seconde est le mal de Naples, loüát en tout
autre cas la chauueté comme vn sig-
nal & indice de grauité & preud'hó-
mie. Tels sont les incommodités
que l'excés immoderé du vin peut
apporter au corps, disposés s'il vous
plaist

plaiſt (Chers Lecteurs) vos eſprits
pour entendre ceux qu'il peut apporter à l'ame, leſquelles en noſtre
liuret *de vita longa*, ſont ſi exactemét
declarées, & confirmées par le Reue-
rend Pere *Leſsius* en ſon traité *de ſo-
bria vita*, qu'il ſemble ne ſi pouuoir
rien adiouſter de mieux à propos;
mais toutesfois d'autant que les eſprits ſe repaiſſent, & contentent de
nouueautez, nous rendrons peine
tout à faict, que s'il ſe peut recouurer
tant de Galien qu'Hyppocrate, &
autres, quelque particularité ſur ce
propos, de vous en faire part. Ie vous
ay donc faict ſçauoir en mon Liuret
iuſques à cinq incommodités prouenantes de l'vſage immoderé du
vin, dont la premiere eſt, qu'il accable les ſens exterieurs, & premiere-
						ment

ment la veuë, pour ce que les nerfs
optiques estant accablés de vapeurs
grossieres, l'esprit animal qui sert à
la vision, s'obscurcit, ou bien ne se
peut exhiber en quantité deuë, & ne-
cessaire pour l'accomplissement de
la veuë.

La seconde est le sens de l'ouye, lequel est empesché par les excreméts,
& cruditez, coulantes du cerueau en
l'organe de l'ouye, ou dedans le nerf
auditoire destiné à son vsage & ser-
uice : qui cause que la personne est
affligée & assourdie du costé que la
fluxion a pris son cours.

La troisiesme est le goust, lequel
est depraué par les humeurs super-
fluës, qui enuironnent les organes :
comme par exemple ; si des humeurs
bilieuses, acres, ou salées occupent,
ou

ou enuironnent la langue, ou la gorge (soit qu'elles viennent de la teste
ou de l'estomach, la tunique de laquelle est continué auec ces mesmes
organes) tout semblera estre salé,
acre, & amere. Ce qui est facilement
corrigé , & amendé par la moderation du vin , par ce qu'ayant osté les
excreméts nuisibles à l'estomach, &
à la teste, infectants le goust, deprau-
ants l'ouyë, & la veuë, alors il produit vn appetit, & volupté naturelle
de boire & de manger. De ceste mesme façon semblable il conforme l'o-
dorat au toucher. Mais passant plus
outre, il m'est aduis que quelque ca-
lomniateur me vient obiecter &
mettre en auant , que le vin recrée & contente le corps de
l'homme, dont en suitte il doit ap-
paiser

paiſer la cholere, & mettre en oubly
peines & anxietés. A quoy ie reſpóds
fort volontiers , que tant s'en faut
que l'excez immoderé du vin, appaiſe la cholere, que pluſtoſt il l'excite
mille fois d'auantage, comme l'experience iournaliere nous faiͨt voir
ſuffiſamment par tant de mortes ſu-
bites, tant de bleſſures, & accidents
deplorables , qui ſont cauſés par ſon
excés immoderé, lequel ſe doit ne-
ceſſairement conuertir en humeur
bilieuſe, flegmatique, ou melancholique contre nature. C'eſt pourquoy
nous voyons les bilieux choleriques,
ſoudains , les melancholiques enuieux, à part ſoy, terreſtres ; d'autant
que la melancholie dominante au
cerueau, elle le trouble tout à faiͨt, &
y produit d'eſtranges maladies comme

me frenesie, manie, &c. Et dominante en l'estomach y cause vn appetit admirable, phtisie &c. La raison
de cecy est (selon les Philosophes)
par ce que les affections de l'ame sui-
uent tousiours l'apprehension de la
fantasie, or la fantasie est conforme
à la disposition du corps , & des humeurs y dominantes; dont s'ensuit
que les bilieux d'ordinaire songent
des choses ardentes , bruslátes, estin-
cellantes ; les melancholiques, songent des tenebres , funerailles, mortes, cauernes, & toutes choses tristes;
or les songes ne sont autre chose que
l'apprehension de la fantasie , qui
opere durant l'assoupissement des
autres sens: Voylà pourquoy l'excez
de ces humeurs peruertist l'état naturel de la fantasie & de l'apprehésion.

l'ache-

I'acheueray donc (cher Lecteur)
de vous declarer les incommoditez
du vin auec ce dernier point, disant
qu'il excite pour la pluspart la sensualité, & les mouuements de la con-
cupiscence charnelle : Car selon le
commun prouerbe sus-allegué;
Sine Cerere & Baccho friget Venus.
Et la raison est, que l'excez immoderé du vin, viét à pointiller, & renfor-
cer la cause motiue des concupiscen-
ces, qui est l'esprit animal, procu-
rant l'eiection de la matiere sperma-
tique, procrée par la quantité de
chaleur; causée & excitée de l'excez
desreglé du vin. Ce que i'acheueray
le plus succinctement que faire se
poudra, à fin de me donner bien-
tost carriere pour encommencer la
methode de composer vins artificiels,

ciels, & medicinals ; inferant toutesfois auparauant vne legere question,
non encor iusque icy totalement de-
cidé, à sçauoir si aux fiebures, & autres maladies chaudes, l'on peut vser
devin , dequel , quant, & comment, &c.

Fin de la premiere Partie.

SECONDE PARTIE,
DE L'AVANT-GOVST ET DECLARATION DE LA NATVRE DV VIN.

PREFACE AV LECTEVR.

AMy Lecteur; I'ay cultiué le plus proprement qu'il m'at esté possible ceste vigne, banissant, & desracinant toute les espines, & difficultés y conte-nuës, espluchant de prés toutes les pie-ches, pour en tirer la substance, & moüelle singuliere, & y semer quant & quant quelque semence non encor pro-prement cognuë, & affirmée; à sçauoir si aux fiebures & autres maladies chau-des, il est loisible aux malades d'vser de vin: & quant, & quel, & comment; à

G

cause

cauſe des differents iournaliers, & diſ-
ſentions qui ſe rencontrent entre les
Medecins fondés ſur la ſentence de Galien, tantoſt affirmatiue, tantoſt nega-
tiue, ſur ce ſubiect. Car premierement
Galien au huictieſme liure de ſa methode, dit que, Febribus Hypocrates vinum porrexit acutis. Et non pas ſeulement aux diarées, mais auſſi aux fiebures aiguës, & continuës; & en outre au
premier liure de Arte Curatiua ad
Glauco. Chapitre 11. le permet tout à
faict aux fiebures quartes en ces termes;
In quartanis autem vino vtendum
eſt albo tenui, mediocriter calido.
Puis le meſme ailleurs au 7. liure de ſa
methode le deffed, & interdict en ces parolles. At vino vt vtantur omnes, quibus refici corpus eſt opus, conſulo;
modo, non febricitent. Où nous
voyons

voyons vne manifeste contradiction; &
opposition, laquelle ie tascheray d'accor-
der par composition , vous descouurant
l'intention de Galien, tant en l'vn cōme
en l'autre passage. Prens donc en grè ce
mien labeur, & le reçois de bon cœur,
t'asseurant que ie l'ay entrepris, & luy
ay fait voir le iour pour ton bien, & à
l'vtilité du public.

SECONDE PARTIE.

DE L'AVANT-GOVST

ET DECLATION DE LA

NATVRE DV VIN.

Si aux fiebures se peut exhiber du vin?

CHAPITRE I.

AVPARAVANT que venir à la declaration de ce Chapitre, il est besoin de cognoistre, & sçauoir la definition de la fiebure.

La fiebure donc est vne intemperie chaude allumée dans le cœur, & esparse par tout le corps humain. Ce pour-

pourquoy le vin ne se peut aucunement exhiber en la fiebure ; La con-
sequence se prouue en telle façon; selon les preceptes de Medecine, les
choses contraires sont guaries par
leurs contraires ; à sçauoir les froides
par le moyen des chaudes , & les
chaudes par le moien des froides. Or
le vin n'est pas contraire à la fiebure;
donc il ne se peut exhiber en icelle, la
moyenne proposition est tres-veri-
table, & conclut euidemment : car si
le vin estoit contraire à la fiebure, il
seroit froid & humide , ce qui est
contre ses qualités declarées au premier liure, à sçauoir chaude & humide; comment donc (dira quelqu'vn)
ces deux grands Princes de la Medecine, Hyppocrate & Galien se peu-
uét-ils accorder à tó dire en ce poinẗ?

veu

veu que le premier (comme a esté re-
marqué cy deſſus) l'a permis tout à
fait en fiebure. *Febribus Hyppocrates
vinum porrexit acutis.* Et Galien meſme affirme qu'il ſouloit donner du
vin à ſemblable febricitants, parlant
d'iceux au 8. liure deſa methode en
ces parolles. *Vinum vero ipſe his om-*
nibus exhibere ſoleo, nempè febricitanti-
bus. Et que d'aillieurs le vin n'eſtant
contraire à la fiebure, n'en peut quát
& quant eſtre le remede? Or ie vous
affranchiray de ceſte difficulté, & er-
reur en peu de parolles ; ſçachez dóc
qu'Hyppocrate, & Galien au liure
preallegué permettants le vin aux
fiebures tant continuës, que diarées,
adiouſtent quant & quant ceſte re-
ſtriction : *Vinum ijs omnibus exhibere*
ſoleo ; ſed quod tum aſpectu tum viribus

ſit

sit aquosum. Mais (disent-ils) que ce
soit vn vin aqueux, & de petite vertu
& quant à la veuë & quant à la force.
Et comment cecy? d'autant (adiou-
stent-ils) *Id enim ad omnia vtilius quam
aqua est*; Qu'il est plus prouffitable au
malade que l'eau pure; & la raisó est,
*Vtpote quod & concoctionem iuuet, &
sudores ac vrinas prouocet*. D'autant
qu'aydant la digestion, & concoction, ils sont diüretiques, sudorifi-
ques, ouurent les oppilations, & obstructions par leurs facultés deter-
siues: dequoy il ne faut aucunement
s'estonner, veu que le mesme Galien
au 12. liure de sa methode parlant de
la qualité des vins blancs dict en ces
termes; *Neque enim inuenias ex albo
vinorum genere calidum vllum*. Que ra-
rement se trouuent entre les vins

G 4

blancs,

blancs, aucuns chauds, car autremēt
il ne seroient pas propres pour la digestion aux fiebures , d'autant que
causants vne inflammation du foye,
ils pourroyent plustost la redoubler,
& augmenter. Partant pour conclusion de ce doubte disons auec Galien, Hyppocrate, Dioscoride, & autres, que'lon peut sans difficulté per-
mettre le vin aux fiebures tant tier-
ces que quartes , tant continuës que
diarées , mais que ce soit vin blanc;
(comme dit Galien au 3. liure des aliments) de consistence mediocre:
D'autāt que semblable vin est moins
chaud, moins nourrissant, le plus
vtil à l'estomach, aperitif, rafreschis-
sant, & se distribuë plus aisement en
toutes les parties du corps , selon
Dioscoride en son liure de la nature
du

du vin : & partant, *id ad omnia vtilius
quam aqua est*. Il est moins nuisible
que l'eau; laquelle toutefois est grandement loüé de Galien au 8. liure de
sa methode, en ces parolles; *Cæterum
naturæ calidæ magnoperè frigidæ potio-
ne iuuatur*. Et au second liure de sa
methode l'auoüe encor d'auantage,
disant : qu'il y a deux signalez remedes aux fiebures continuës, à sçauoir
la saignée, & la boisson d'eau. Et ce pen-
dant dit franchement icy, *id enim ad
omnia vtilius quam aqua est*. Le vin
blanc sur tout est meilleur aux fiebures. Ce pourquoy, *le vin blanc se peut
exhiber librement aux malades febricitants*.

Mais quelqu'vn nous mettra en
auant qu'aucunes personnes habi-
tuées à la boisson de vin clairet, ne
peu-

peuuent gouſter aucunement le vin
blanc ? Pour eſquiuer tant d'incóue-
niéts, & incógruitez que nous voyós
ſe gliſſer de iour en iour parmy les
hommes ſur ce meſme ſujeçt, il faut
remarquer qu'vne habitude acquiſe
de longue main en quelque perſon-
ne particuliere, ne peut, & ne doit
eſtre corrompuë tout à coup , teſ-
moin Hyppoc. au 3. liure des Aphor.
diſant: *quæ longo tempore conſueta ſunt,
etſi deteriora: minus moleſta eſſe.* Qu'encore que la fiebure ſemble deſauoüer
le vin clairet, d'autant que n'eſtant
ſon contraire, ne peut eſtre ſon remede; neantmoins que ceſte couſtu-
me & habitude acquiſe de long-
temps, corrompt tout ſoupçon, &
aduis ſemblable. Toute-fois eſcou-
tons (s'il vous plaiſt) Galien en ſonli-
ure,

ure, *de sanitate tuenda. Si tamen* (dit-il) *longa illa consuetudo disponat ad morbos, pedetentim vt generata est, ita est contrarijs reuocanda.* Que si toute-fois (dit-il) ceste habitude se dispose de nous accabler de quelque maladie, aussi petitemét & doucement qu'elle s'est glissée, de mesme aussi la faut-il retrancher petit à petit & sans violence. Mais pourquoy si doucemét, & si lentement, ô Galien? *Repentinæ mutationes sunt periculosæ.* Par ce (dit-il) que les changements subits, sont tres-perilleux, & pernicieux. Mais quel peril? *Noxam aut imbecillitatem pariunt,* ils vous debilitent & accablent à l'extremité.

Ce pourquoy inferons auec iceluy, qu'il ne faut retrancher subitement les habitudes, d'autant que de

là nous pourrions encourir quelque
danger eminent; & cecy suffira pour
resolution de la difficulté alleguée.

Bref recueil & recapitulation des ver-
tus & proprietez de toutes sortes
de vins de l'vsage de ces
quartiers?

CHAPITRE II.

Onnant en ce present chapitre
à la declaration generalle des
proprietés & vertus des vins, nous dirons premierement que toute sorte
de vin en general, pure, & sincere,
ayant vne petite austerité naturelle
en soy, eschauffe l'interieur, se distribuë facilemét aux membres, soulage
grandement l'estomach, esueille &
excite l'appetit, entretient & augmente

mente les forces, prouoque le sommeil, & viuifie la couleur.

Secondement, si nous le prenons
quelque peu liberalement, il nous
guaranty des choses venimeuses, côme *Cigue*, *iusquium*, herbes tres-froi-
des au supreme degret; contre le vif
argent, & son escume, contre les
morsures des serpens, & bestes venimeuses.

Tiercement il est tres-prouffitable
aux enflures causées de longue main,
contre les corrosions des entrailles,
les distentions, & resolutions de l'e-
stomach, contre les sueurs immoderés, les oppilations des reins, & de la
vessie, contre les inflammations tant
sanguinaires que bilieuses, appliqués
pardessus tesmoin Dioscoride, au
au liure de la nature du vin, & Galien

en

en toute sa methode, puis au liure *de
sanitate tuenda, de alimentis*, & autres
lieux prealleguès.

---

*Des qualitez des vins, tant vieux que
nouueaux?*

CHAPITRE III.

Vant à la qualité des vins tant
vieux que nouueaux, tant s'en
faut qu'ils soyent approuués, qu'au-
contraire Galien mesme en son liure
(*de Euchymia & Cacochymia*) les reiecte & interdict tout à faict en ces parolles; *Vitanda ergo quæ nimis vetusta
sunt, nimisúe recentia*. Il faut, dit-il,
euiter autant les vieux que nouueaux
vins, pourautant que selon le mesme, *Namque illa præter modum, hæc
nullatenus, quamdiu recentia fuerint,*
calefa-

calefaciunt . D'autant que l'vn eschauffe , l'autre refroide trop ; ce
pourquoy tant s'en faut qu'ils aydét
la digestion, que le mesme dit . *Ipsa-*
met ægerrimè conficiantur . T res-diffi-
cilèment se peuuent ils digerer eux
mesmes . De là il dit plus auant . *Nec*
commodè per aluum transeunt . Ils ne
sont pas de bonne digestion en l'e-
stomach , qui est la premiere cuisine,
Nec sanguinis confectioni propria . Ny
propres pour la sanguification , qui
est la seconde. *Nec subinde aßimila-*
tioni idonea . Et par consequent
moins idoines pour nourrir nostre
corps; d'autant que la premiere digestion qui se faict en l'estomach estant
vitié & corrompu, les deux autres ne
sont capables de l'amender & restaurer , donc necessairement elles en
                                          sont

sont vitiés & gastés. En outre au mesme traicté il dit. *Sæpe etiam vt aqua in ventre remanent suspensa*. Ils nagent bien souuent sur les entrailles ; dont nous en voyons arriuer pour la pluspart des flux de ventre excessifs, d'yssenteries, des lyenteries & autres maladies semblables. Ce n'est encor assés ; escoutons de grace Dioscoride sur ce mesme subiect. *Vino vetere neruilæduntur, & reliqui sensus*. Le vin vieil est tres-pernicieux & aux nerfs & aux sens ; d'autant qu'il resemble au vinaigre, lequel (selon Hyppocrate) est ennemy des nerfs, ce pourquoy il le faut euiter sur tout, signamment ceux qui se plaignent de quelque imbecillité inferieure, comme intestinale, à cause de leur neruosité membraneuse.

Quant

Quant au vin nouueau (dit le mefme Diofcoride) il enfle, & ne digere
que difficilement, il charge la tefte de
vapeurs groffieres, debilite les facultés, retentrice, & concoctrice, excite la faculté expultrice, faifant euacuation, & expulfion des matieres
indigeftes &c. Le vin blanc eft vtil à
l'eftomach, car n'arreftant audict
lieu, il fe diftribuë facilement aux autres parties du corps, pour y commu-
niquer, & imprimer fa vertu. Le vin
noir eft fort groffier, & partant dif-
ficil à digerer, & pour fa grande faculté nutritiue propre pour, enyurer
la perfonne. Or il faut icy fçauoir, &
noter, que les vins font differents en
faueur : car les vins doux font de nature groffiere, voila pourquoy ils
s'efcoulent du corps auec plus de

H

diffi-

difficulté, dont ordinairement ils en-
flent, troublent le ventre, & les entrailles ; ils sont doüées neantmoins
d'vne faculté fort conuenable, & familiere aux reins, & à la vessie. Les
vins austeres sont de vray fort diüretiques, & coulants ; mais accablent
grandement la teste de douleurs,
par leur trop grande faculté deter-
siue, poignants les nerfs, & quant &
quant le cerueau, par leurs vapeurs
frequentes, desquelles ils enyurent
facilement. Les vins quelque peu aigres (ie dis qui ont vne petite ver-
deur) sont tres-cóuenables pour ai-
der, & conduire la nourriture par
tous les membres, ce pourquoy nous
trouuons qu'ils arrestent le flux de
ventre, les defluxions & toutes especes de catharres. En suitte dequoy
pour

pour conclusion nous dirons que
quant à l'exhibition du vin, il faut
auoir esgard tant des regions, temps,
lieux, & exercices, que des maladies,
temperatures des hommes, (selon
Galien au liure de *Euchymia & Ca-*
cochymia.) De maniere qu'il faut accorder la moderation auec les choses moderées, & corriger l'immode-
ration auec son contraire. Et pour
parler auec Galien au liure preallegué; vn vin coloré & doux, est tres-
conuenable aux temperatures froides, d'autant qu'il est chaud & vertueux: le mesme toutesfois est tres-
pernicieux aux temperatures, & dispositions chaudes, d'autant que par
sa chaleur excessiue, il accable tellement la teste, qu'il blesse les nerfs,
excitant & causant pour la plus-

part vne fiebure violente.

Aphorifmes de Galien fur la nature du vin.

CHAPITRE IIII.

LEs vins blancs delicats sont aperitifs, rafraifchiffâts, & les moins nourriffants, & partant conuenables aux perfonnes delicates, & imbecilles. Galien au 3. liure des aliments dit que les vins doux font les plus nourriffants, & plus conuenables aux maladies de la poictrine, & des poulmons ; à caufe de leur grande humidité, qui opere long temps en ce mefme lieu. Galien en fon liure *de victus ratione.* Les vins ameres font fort deficcatifs, & par confequent propres aux perfónes flegmatiques,

le

le mesme au 7. liure de sa methode.
Les vins austeres pris moderement
arrestent les catharres, & defluxions,
fortifient le ventricule, mais pris outre mesure, accablent grandement
la teste, (comme auons dit cy dessus)
Galien en son liure de *Euchymia &*
Cacochymia . Les vins odoriferants
blessent la teste par leurs fumées , &
vapeurs côtinuelles . Galien au liure
de *Attenu. victus ratione* . Les vins
vieux eschauffent, les nouueaux rafraischissent grandement , Galien au
mesme liure. En somme dit-il. *Vinum*
mediocre mediocri naturæ dandum im-
becillum imbecillo ventriculo; c'est à dire
il faut seruir de vin mediocre aux
personnes de naturel mediocre, & de
vin foible aux foibles estomachs . La
raison de cecy est (resmoing le mes-
H 3   me.)

me.) *Quia vinum animæ facultatibus tanquam tyrannus imperat.* D'autant que le vin est le Gouuerneur general de toutes les garnisons ou fonctions de l'ame, & a la sur-intendance & commandement sur ceste citadelle.

La maniere de tirer l'esprit & la quint'-essence du vin?

POur finir plus heureusement cé mien petit traicté, ie suis d'auis de vous exposer la maniere de tirer l'esprit du vin, lequel pour le iour-d'huy nous est grandement diuersifiez par les autheurs Rondelet, Beguin, Andernac. Lobel, Paracelse, & autres; Or laissant à part la diuersités de tant d'opinions qui se rencontrét

sur

sur ce suiect, ie vous declareray à present la plus commune, & familiere methode de le pouuoir tirer. Ie préd donc dedans mon ampulle douze liures de vin le plus fort & le plus pur qui se peut trouuer, puis ie le distille par le vaisseau refrigeratoire (selon la methode, & practique ordinaire) tellement que la force & vertu soit totalement espuisée ; alors ostant le vaisseau, qui reçoit le vin distillé, ie le reserue en toute diligence en vn vair grand, & ample, mais bouché de telle sorte que rien ne puis escouler ; puis le mettant dedans l'eau chaude, ie le laisse boüillir l'espace de 8. à 9. iours, de là i'en tire l'esprit le plus subtil qui se peut recouurer en la vapeur du bain; en quoy ie trouue trois choses tres-digne de remarque.

H 4

La

La premiere que le vaisseau ou se digere le vin, ne soit immergé dedans l'eau plus auant que la superficie dedans le vase, si bien qu'il y aye de la proportion & correspondance entre le contenant, & le contenu, (c'est à dire) que la superficie de l'eau, corresponde auec celle du vin.

Secondement que les commissures soyent tellement bouchées, que la moindre vapeur ne puisse expirer ny exhaler.

Tiercement qu'en distillant les esprits soient directement separés de la nature vineuse, les attirant auec vne chaleur non violente, mais lente, & moderé tout à faict : d'autant que par la violence du feu, il se faict vne confusion, & meslange de toutes les parties contenuës, ce qui suffira pour

la

la vraye cognoissance de l'extraction
de l'esprit du vin.

Autre plus excellent esprit tiré de la qualité du vin?

POur tirer encor plus excellem-
ment, & facilement l'esprit du
vin; i'ay appris & retenu de feu Mon-
sieur Tresel, Docteur, Medecin premier en la Ville de Lille, ceste façon
& methode comme la plus facile. Ie
prend huict liures que nous appellons (deux lots) de vin rouge fort &
vertueux, comme vin d'Espaigne,
vin de Muscat, vin de Canarye, ou
autre semblable, pour infuser dedás
mon Alembique assez grand & ample, lequel ayant bien bouché, ie
l'humecte, & attendris l'espace de
trente

trente iours en la fiente de cheual, ou
dedans l'eau moderement chaude,
lors voyant euidemment la liqueur
huylleuse nager pardessus le flegme,
ie le separe auec vn feu lent dedans
mon Alembique, tant & si long téps
que céte matiere huylleuse tendre &
sincere ou l'esprit vegetable du vin,
cesse de couler par la partie supe-
rieure de l'emboucheure : puis ie les
digere derechef l'espace de 24. iours
dedans l'eau chaude : & par ainsi
d'vne liure de vin ie tire vn scruple
d'essence, qui est vn secret & vertu
admirable, pour conseruer, & ren-
forcer la chaleur naturelle, augmenter l'humide radicale, preseruer toutes les facultés & puissances : & en
somme prolonger, & augmenter les
iours de nostre vie. En outre de ceste
liqueur

liqueur tres-subtile , l'essence des choses, & l'eau de vie se prepare, lors que les plantes, les odeurs, comme aussi les metaux estants preparez en icelle, sont attendries, humectés, & en fin distillez.

La maniere de tirer le sel du vin, & preparer le vin d'Alkaly.

IE ne veux perdre encore, ny ietter parmy les ruës les ressors, & reliques excrementitielles de ma premiere distillation; or ie trouue que la matiere aqueuse d'icelle, me viendra fort à propos pour la composition de mon vin d'Alkaly en ceste façon. Ie prend donc la matiere aqueuse de ma premiere distillation , puis ie la laisse exhaler iusques à la substance fecu-

feculente, laquelle ie deseiche, & brise, & par la vehemence du feu, la re-
duis en chaux blanche, que nous appellons, sel du vin, puis ie meslange
deux onces de mõ esprit de vin, auec
demy once de mon sel dedans mon
distilloire, & l'ayant tres-bien bouché, ie le laisse l'espace de 24. iours
dans les cendres chaudes, puis ie le
distille derechef, par vn feu premierement lent, puis violent tout à fait:
delà ie brusle derechef le sel retenu,
ie le brise, & l'ayant imbuë de mon
esprit de vin, ie le distille derechef, &
reïtere ceste operation tant & si long
temps, que le sel estincelle par l'emboucheure, & en ceste maniere ie tire le noble esprit du vin d'Alkaly; noble secret, & vertu admirable pour
orner & embellir toutes les couleurs.

Refu-

Refutation de ceux qui veullent sou-
stenir que le branduin ou eau de
vie, est le vray esprit, &
la quint'essence du vin.

Q Velqu'homme Piemonthois en son
art Chymicque,
Nous voulant declarer la methode &
practique
D'extraire le branduin, & les rares
secrets
Qui reluisent à veu d'œil de ses mer-
ueilleux traits :
D'vne façon nouuelle, d'vne vilaine
audace
Perdant des auditeurs le respect & la
grace,
Laissant de Galien les rares docu-
ments

D'Aphore,

D'Aphore, d'Hyppocrate, de Celſe,
    & d'Alechamps,
Fondé tant ſeulement ſur vne ziza-
    nie,
(Non pas tant merité comme il le glo-
    rifie,)
Des eſcrits d'vn Autheur que l'on dit
    Paracelſe,
Que pour l'inſuffiſance on neglige &
    delaiſſe.
Diſoit de l'eau de vie que la noble ex-
    cellence
N'eſtoit rien que du vin la pure quint-
    eſſence.
Ah folle ſapience ! conceuant ton ſot
    dire,
Ie ne me peu icy nullement con-
    tenir.
Faiſons premierement , faiſons nar-
    ration,

De

De tout ce qui se faict par distillation.

Alors ie t'apprendray d'vne façon notable,

D'en tirer l'esprit, & vertus admirables.

Il te conuient sçauoir donc pour encommencer

Que toutes les liqueurs ont en soy leur
bourbier :

(Mais signamment le vin) que nous
appellons lye,

Dequoy nous preparons ladicte eau de
vie,

Ce pourquoy recognois, que tout son
fondement

Ne prouient d'autre chose que du vin
l'excrement.

Or dy moy ie te prie voudrois tu com-
parer

L'excre-

L'excrement, à l'aliment, sans les rien
     separer?
Toy qui de la vignoble en la pleine
     fontaine,
Qui passe, & qui repasse, & sans cesse
     promeine?
Espluchant grain à grain des grappes
     colorées,
Les raisins du soleil sur tout fa-
     uorisés?
Vrayment ie ne sçaurois ce tien cas
     pallier,
Sinon que la nature desire t'ex-
     cuser,
Lors que distribuant les nerfs du cer-
     ueau
Diuisés en sept pairs, elle aye le ra-
     meau
Delaissé de la langue, dont le sens de
     gouster

De-

Demeurant vitié, tu ne peux fauou-
  rer;
Car ie t'ay au difcours cy deffus men-
  tionné
Tirer l'efprit du vin clairement declaré,
Mais non pas de fa fange, & non pas
  de fa lye,
(D'autant que la vigueur plus grande
  efuanoüyt)
Mais de fa pleine force, & de fa pure
  effence,
Tu tireras la vraye & propre quint'-
  effence.
Toute-fois ie veux bien te dire en
  equité
(Ton dire palliant) la pure
  verité.
L'eau de vie fe prepare, & tire en la
  maniere

I

Que

Que se tire du vin l'esprit pur & sincere:

Mais de matiere moindre, & de force
plus foible,

Dont se tire l'esprit plus foible & moins
capable.

Or quant à sa vertu que tu veux loüan-
ger:

Ie permets d'en vser, mais plus de la
laisser;

Si toute-fois le corps tu sens trop refroidis,

Affligé de catharres, ou telles maladies,

Vse de son contraire, esperant alle-
geance

De ceste eau de vie, ayant la cognoissance;

Ie t'auise pourtant de bien diligen-
ter

D'en

D'en gouſter vn petit, & point t'en
   abuſer :

Car le trop n'a ſaueur, & le peu n'a
   puiſſance,

La mediocrité eſt bonne à ſuffi-
   ſance.

Outre ce ie veux bien te declarer en
   ſomme

Combien ceſte eau de vie eſt profitable
   à l'homme :

Mais pluſtoſt au dehors appliquée qu'au
   dedans,

En la forme & maniere que te feray
   ſçauant.

Si le membre affligé d'vne Paralyſie,

Ou bien conuulſion te demeure aſ-
   ſoupis :

Par ſon ſeul lauement, (ô admirable
   cure !)

Il leur rend la chaleur, force, & temperature,

Celuy qui d'vne dent esprouue le tour-
   ment,

Sur laquelle l'eau froide d'escoule in-
   cessamment,

Il soulage le mal, quand le dent il at-
   touche

Auec ceste liqueur au dedans de la
   bouche.

L'on la nomme eau de vie, d'autant
   que ses efforts

Font renaistre bien tost les membres
   demy morts.

Que diray-ie outre plus? quant à sa
   qualité,

Elle eschauffe & deseiche au quatriesme degré,

Ce pourquoy ie ne peux nullement l'approuuer

Aux

Aux chaleurs du foye , craignant le
  consommer ,
Car eschauffant le sang , elle allume
  l'esprit ,
(Ainsi nos Bisayeux l'ont laissé par
  escrit)
Et trouble le cerueau , les actions de
  l'ame ,
Qu'il semble que ce iour n'estes pas à
  vous mesmes .
Mais arrestons de grace , il me conuient finir ,
I'entend quelque tumulte aux astres
  suruenir .
Nous menaçant par trop les reuoltes
  des Roys ,
Les Princes mescontents pour la Diuine loy ;
Ce que tost m'a causé , & me fit pro-
  poser

I 3

D'arre-

D'arrester le cours de mon dessein
guerrier,
Et rendre grace à Dieu comme chacun doit rendre,
Que tant de bons secrets nous a pleu
faire entendre.

Dieu desire Lame'lin la rosée.

Fin de la seconde Partie.

TROISIESME PARTIE,

DES VINS MEDICINALS

ET ARTIFICIELS.

PREFACE.

Veu que les delices de la nature hu-
maine sont tellement accreuës pour
le iourd'huy, que pour soulager le corps
descheu de son temperament naturel,
l'on ne sçait que s'imaginer: veu que plusieurs personnages tant grands que petits, se gouuernent par grandißime sensualité, & appetit desreglé & immoderé; I'ay tasché de profonder au plus
qu'il m'a esté poßible, pour recouurer
quelque particularités, & vertus propres, desquelles l'on puiße en toute ne-
ceßité, & occasion soulager le corps of-

I 4

fensé,

fensé, & tombé de sa temperature naturelle. Ce pourquoy ie n'ay rien rencontré
de mieux à propos que ce mesme suiect
que ie traicte de la nature du vin: d'autant qu'icelle correspond tres-propre-
ment auec nostre nature. Ce pourquoy
nous rendrons peine de vous faire paroistre, comment en toute maladies & accidents du corps, il nous pourra soulager,
vous faisant paroistre la 'maniere de le
composer selon sa qualité medicinale en
la façon suiuante . Ce qu'ayant tiré d'Arnoldus Villanouâ ie ne feray
que l'embellir de quelques Epigrammes,
pour confirmation plus grande de leur
proprietés & vertus.

Vin

Vin de Bourrache, ou Bourroche, tres-propre pour la rogne, gratelle, & ladrerie.

LE vin de Bourrache vaut contre la corruption, & infection du sang, ladrerie, chancre, rogne, &c. contre palpitation du cœur, estant preparé de la façon.

Prens vne liure d'herbe nommé Bourrache auec vin, 9. ou 10. liures de bon moust Blanc, soit boüilly tout ensemble en l'escumant iusque à ce que l'escume soit ostée, & le vin entierement clarifié, puis soit reserué en vaisseau net, & bien bouché qu'il ne respire. Ce vin conforte proprement toute vertu regitiue, car le ius simple des bourraches, purifie, & n'a

be-

beſoing d'autre douceur que la ſien-
ne, ce pourquoy nous l'ordonnons
par receptes aux peſonnes foibles
de cœur, comme chancreux, lepreux,
rogneux, &c. Ce que voirés plus clairement par ceſte Epigramme qui
pourra ſeruir de contentement & re-
laſcheà vos eſprits.

Exhilarant grato frondes miſtæque lyeo,
  Ingentem iecoris conficiuntque ſitim
Preſſus & hinc ſuccus febris delere rigores
  Creditur, abſceſſus poſſe iuuare graues.

Vin de Bugloſſe.

LE vin de Bugloſſe (ſelon Macrobius) vaut contre l'infection de
melancholie, pour les fols & enra-
gés. Il ſe prepare en ceſte maniere.
Prenés racines de Bugloſſe bien net-
toyées & bruſlées, puis mettés les
auec

auec mouſt Blanc, iuſquesà ce qu'il aye tiré la ſaueur d'icelles , puis le mouſt eſtant bien clarifié, bouchés tellement le vaiſſeau, qu'il ne puiſſe reſpirer, & d'iceluy tirés telle vertu & benefice, que Villanoue teſmoigne en ces meſmes parolles, & moy (dit-il) Arnould de Villanoue, i'ay veu deliurer vne Dame de Montpellier, laquelle par yre ou par melancholie eſtoit ſouuent comme ſotte, & maniacle, parlant & diſant parolles infames, tellement qu'il la falloit continuellement lier, ie la vis (dy-ie) guarir en peu de temps par ce ſeul remede; entédez plus outre la vertu de céte herbe, par ceſt Epigráme ſuiuát.

Exſiccat caput humeɛ̆tŭ, tum roborat hepar,
  Et ſtomachum grato , planta calore fouet
Hinc diſtillat â poteris curare veternum,
  Et ſtupidæ ſenſum reddere partis aqua.

Vin

Vin de Sauge.

LE vin de sauge se prepare en diuerses manieres, car aucuns prennent vn faix de sauge, & le mettent en vn tonneau de moust, ou de vin, iusques à ce qu'il en aye tiré la saueur & substance. Les autres cuisent la sauge auec le vin ; mais en quelle maniere il soit faict, moyennant que le vin ne soit pas alteré, ou corrompu, son vsage est merueilleux en toute emotion des genciues, aux douleurs des dents, & commotions d'iceux, aux tremblemens des membres, pour l'auancement des couches aux femmes, pour les rédre fecódes, pour corriger les catharres & defluxions, comme voirés plus particulierement en ces vers.

Saluia

Saluia cit menses, fetum deducit in auras,
  Interni fluxum sanguinis esa premit.
Illius ex succo si libram fœmina sumat,
  Mox est post ternos fœta futura dies.
Mox quoque pro gelidis cerebri medicamen
  habebis
  Pro rigidis neruis, pro tremulisque malis
Pro tussi lateris, renumque doloribus, & pro
  Flatibus occultæ pestiferæque feræ.

Vin admirable d'Aluine ou d'Absinthe.

LA maniere de composer le vin d'Absinthe, pour le iourd'huy est diuerse, mais la meilleure est celle que ie vous d'escriray presentement.

Prenés vn faix d'Absinthe verte, ou seiche broyée en vn coulouër, & le coulez auec vin chaud par tant defois, que le vin reçoiue en soy la vertu & saueur de l'Absinthe, puis soit adoucy de sucre, ou de miel,

com-

côme il appartient; & ceste methode
est meilleure que toute autre : car la
vertu est espanduë en la substance du
vin. L'vsage de ce vin est tres-propre
contre les vers du ventre, contre les
minieres pourries en la communité
du corps, confortant le lieu à ce qu'il
ne reçoiue aucune superfluité semblable : ce pourquoy vn Medecin de-
uenant tout podagre par vn vice in-
cogneü vsoit de telle digestion en
matiere chaude & froide, car elle
nettoye toute ventosité adherante
en la concauité, confortant la partie,
à fin qu'aucunes humeurs ne descen-
dent plus audit lieu. D'auantage le-
dit vin vaut contre les oppilations
du foye, & de la rate, contre les fumées & vapeurs mauuaises de l'estomach, contre l'Apoplexie, Paralysie,
con-

conuulsion, contre matieres pesti-
lentielles, & surdités, ce que cognoi-
strés plus amplement en ces vers.

Concedit gelido qui tetra absinthia ventri
   Aspiciet vitæ tempora longa suæ.
Cruda etenim toto depulsa è corpore bile,
   Natiuus membris redditur inde calor.
Quod site multis febris vexauerit annis:
   Si sitiens redeat nocte molestus hydrops;
Si vermes feriant cor, siue venena cicutæ;
   Hoc bibe de succo, terque quaterque libens.
Sic multo lassum firmabis robore corpus,
   Sic regeres solita menstrua virgo die.
Sic nimio quondam distentus viscera Baccho
   Vitabis fœdæ damna sueta gulæ.

Vin d'Angelique.

LE vin d'Angelique se prepare en
tres-facile maniere, mettant
quantité de racine d'Angelique en
quantité de vin, iusques à ce qu'il en
aye

aye tiré la saueur, & vertu, laquelle est tref-admirable. Car en premier lieu elle est diuine contre la peste, & tout air mauuais & pestilentiel, de plus tref-propre pour la squinancie, & mal de gorge, il attenuë & purge les flegmes grossieres, appaise la toux, auance l'accouchement, comme plus amplement voirés par cest Epigramme.

Sumitur ad pestem febres ex puluere dragma
  Radicis Paphiæ, sed male grata deæ.
Excutit & tussim, crassűq; è corpore flegma,
  Roborat, & stomachű, cor recreatque tuű.
Accelerat partum, tacito molimine menses
  Anginæ, & lateris sistitur inde dolor.
Hinc poteris rabiem canis eneruare, venenű
  Soluere, vel Circes fascina cuncta deæ.

Vin d'Anis.

LE vin d'Anis est de tres-grande vertu, & se prepare de ceste sorte. Prenez bonne quantité de semence d'Anis, puis le mettez en vn vaisseau plein de moust, deuant qu'il boüille, puis serrez le vaisseau en telle façon qu'il ne respire ; & ce vin est tres-singulier côtre l'oppilation des veines, & douleurs des reins ; il dissipe les ventosités, certifie l'indigestion, appaise les fumées eructueuses. Item est tres-propre aux femmes nourrices, car ouurant les pores, il leur subtilise le sang, & eschauffe leur bon laict, dissipant les aquosités d'iceluy, ce que vous esclarcira plus outre ce vers.

K*Discutit*

Discutit, inflatis ab aqua sitientibus aptum,
Et stomachi & capitis sistitur inde dolor.
Lac generat, menses sistit, tußimque repellit,
Toxica, singultus, corpore phlegma simul.
Præcipit hãc mensas Cytherea subire secũdas,
Sic plures noctis suscitat ipsa iocos.

Vin d'Hyssope.

LE vin d'Hyssope se prepare en
telle maniere. Il faut mettre quã-
tité esgale de Coloquint, & d'Hyssope au vin : & si vous me demandez,
pourquoy point au moust ? Ie vous
responderay, qu'il n'est besoing d'e-
bullition auec ces ingredients, d'autant qu'ils ont de la chaleur assés suf-
fisante pour reduire le vin en action,
& agir sur luy. Ce pourquoy il est ex-
perimenté tres-singulier contre Epi-
lence des enfans, & de tres-grande
vertu

vertu pour diſſoudre, conſumer, &
attirer, comme vous voirés plus amplement en ce vers ſuiuant;

Nil melius ſuccos deducit corpore craſſos,
Vllaq; nec tuſſim ſupprimit herba grauē,
Expellit menſes, femellarumque ſecundos,
Et lateris pungens diſſipat illa malum,
Fortiter hydropem, vino decocta cutemque,
Et iecor à crocea eſt ſoluere bile potens.

Vin treſ-excellent de Roſmarin.

LE vin de Roſmarin (qui eſt con-
fit eſt preparé en la façon, & maniere des autres vins, comme de Sauge, d'Abſinthe, &c.) a pluſieurs proprietés bonnes & merueilleuſes: car il
eſt treſ-prouffitable contre les maladies froides, il aiguiſe, & rectifie l'appetit, conforte les dents, les nerfs, les
membres en general, rend la bouche

odo-

odorante de son lauement, embellit la face, empesche la cheute des cheueux, consomme & destruit les flegmes, preserue & empesche la putrefaction des parties nobles, soulage à l'instant la dyssenterie, les passions du cœur , & seconde tout à faict la vertu du theriacle, ce que vous tesmoignera plus notamment cest Epigramme.

Viribus effetum cor confortare iecurque,
Flatibus & cerebri nouit obesse malis.
Tum constipatæ reserat spiracula carnis,
Herba, oculos terget sæpè subacta tuos.
Sic quoque deducit mēses, vterŭq; repurgat,
Et quoduis vitium pectoris illa domat.
Cuius odoratis instes suffitibus, & sunt
Tuta à peste tuum corque domusq; graui.
Ex distillatis tremulos sed floribus, artus,
Calfactis neruis hinc stabilire potes.
Quæque sub ignauo iacuerŭt pressa veterno,
Ad vitæ solitum membra vocabis opus.

Vin

Vin d'Eufraiſe propre pour la veuë.

LE vin d'Eufraiſe ſe prepare en ceſte façon; mettez quantité d'Eufraiſe en vn tonneau de mouſt, iuſques à ce que la vertu d'icelle en ſoit
extraicte, laquelle eſt treſ-gráde: car
premierement elle clarifie, & purifie
les yeux des perſonnes anciennes,
oſtant l'empeſchement, & ſupplée à
la defaillance d'iceux, ſubtiliſe les eſprits coulants par les nerfs optiques,
ce que cognoiſtrés par ceſt Epigramme plus amplement.

Vitibus inciſis ſtillantem excerpe cruorem,
  Hacque oculos mixta ſæpè fouebis aqua.
Năq; iuuat viſŭ obſcurŭ, ſed frigida quădo,
  Pars capitis memorem te iubet eſſe, bibe.

Autre vin tref-propre pour les yeux.

LE vin d'Enula Campana clarifie admirablement les yeux , & fe prepare ainfi . Mettez la racine d'Enula Campana bien mondé, & nettoyez là en mouft, ou en vin l'efpace de trois iours, puis en vfez iournellement en prenant quatre onces du matin; ce vin conforte les yeux & les clarifie, & meflée auec l'eau de rofe, eft fingulier pour les chaflies d'iceux, & larmes , comme vous declarera ce vers plus abondamment.

Cocta poteft radix vrinam, & ducere mĕſes,
Eqùè tuo tuſſim pectore ſumpta grauem.
Eftque venenatis inimica afflatibus herba,
Semper an heloſo grata futura ſeni.
Semper & ægroto cui frigore torpet Orexis,
Cuique loco doliçat coxa reuulſa ſuo.

Et

Et cui lumbricos ventris pituita feroces,
Suscitat, & curui tormina sæua coli.

Vin de Fenoüil.

LE vin de Fenoüil de tref-grande
vertu se prepare ainsi . Prenez
quantité de semence de Fenoüil, seló
l'exigence du vaisseau, auquel (estant
plein de moust) immergerez laditte
semence , puis estant bien boüilly , le
le reseruerez en vaisseau bien bouché, pour le prendre , & gouster sa
vertu au besoing, laquelle est singuliere pour la toux, refroidissements
des poulmons , douleurs des reins,
de l'estomach , de la caliginosité &
offuscation des yeux, comme cog-
noistrés par ce vers .

K 4   Herba

Herba valet renū stomachi iecorisque dolori,
Infringit febris circuitusque tuæ.
Sumitur ad gelidi decoctio damna veneni,
Ad menses tardos, ad croceamque cutem.
Obsistit maculis oculos vitiantibus, vnde,
Illius ex succo sæpè rigato tuos.

Vin excellent & confortatif du cœur, & de tous les membres.

PRenez Gingembre, vne dragme. Grain de Paradis, deux dragmes. De Canelle, vne dragme. De Macis, vne dragme. De Coriandre preparée, quatres dragmes. De Roses rouges, vne dragme.

Le tout estant bien broyé ensemble & meslé, le faudra mettre en vin, & le laisser l'espace de trois iours en vn vaisseau bien bouché, & à la fin le faire couler par vne chausse, ainsi qu'on

coule

coule l'hypocrat , puis en prendrez
le matin & le soir la quantité de quatres onces ou enuiron , pour en receuoir les benefices y contenuës, qu'a-
prendrez de ces vers.

Vtilis ad flatus stomachi cordisque tremores,
  Atque acidos ructus quos pituita leuat.
Expellit tußim, gelidoque è corpore phlegma,
  Grataque lasciuæ est hæc medicina deæ,
Tardius accendat licet, est constantior ardor,
  Cui vix dissimili conditione piper.

Secondement les grains de Paradis.

Hæc si cum lauri vel cortice semina sumes,
  In neutro renum calculus asper erit.
Sic quoque conuulsæ miscebis tormina coxæ,
  Sic multo cerebrum firmius esse solet.

La Canelle.

Exacuit visum, coquit, vrinamque reducit,
  Expellit tussim, sumito ventris aquam.
                                    Inde

Inde suo menses deducis tempore foetus,
Et cordi vires sufficis inde nouas.

La Coriandre.

Phlegmona discutiŭt partis bene lĕta polĕtæ,
Semina, sic potu vermibus ipsa nocent.
Assiduo mentem conturbant, attamen vsu,
Sed veneri & stomacho grata alimĕta tuo.

FIN.

TA-

TABLE DES
CHAPITRES.

LIVRE PREMIER.

Chap.

LIVRE SECOND.

Autre

LIVRE TROISIEME.

FIN.

9 782329 250533